Ein Fall für das TANDEM

Martin Muser

Der schwarze Rasputin

Mit Illustrationen von
Tine Schulz

Außerdem von Martin Muser im Carlsen Verlag erschienen:

Ein Fall für das Tandem – Das rote Känguru

Kannawoniwasein –
Manchmal muss man einfach verduften

Kannawoniwasein –
Manchmal fliegt einem alles um die Ohren

Kannawoniwasein –
Manchmal kriegt man einfach die Krise

MIX
Papier aus verantwor-
tungsvollen Quellen
FSC® C083411

Originalausgabe
Veröffentlicht im Carlsen Verlag
März 2021
Copyright © 2021 Carlsen Verlag GmbH, Hamburg
Lektorat: Wiebke Andersen-Oberschäfer
Umschlag- und Innenillustrationen: Tine Schulz
Umschlaggestaltung: formlabor
Corporate Design Taschenbuch: bell étage
Layout und Satz: Tine Schulz
ISBN 978-3-551-31954-8

Carlsen-Newsletter: Tolle Lesetipps kostenlos per E-Mail!
Unsere Bücher gibt es überall im Buchhandel und auf carlsen.de.

Elisa Klapp ist Kriminalkommissarin.

Anton Stuhl ist Kriminaltechniker.

Gemeinsam sind sie: DAS TANDEM.

Nicht nur, weil sie ein Spitzen-Team sind, sondern auch, weil ihr Dienstfahrzeug das einzige Polizei-Tandem in ganz Deutschland ist. Pfeilschnell, umweltfreundlich und technisch voll auf Zack.

Zusammen mit euch und Polizeispürhund Mops lösen Elisa und Anton die kniffligsten Kriminalfälle.

Miträtseln ist strengstens erlaubt!

Jedes Kapitel dieses Buches endet mit einer Rätselfrage. Die Lösung findet sich dann immer im Anfangstext des darauffolgenden Kapitels.

POLIZEISPÜRHUND
MOPS

KRIMINALTECHNIKER
ANTON STUHL

KRIMINALKOMMISSARIN
ELISA KLAPP

Inhalt

Ein Favorit macht schlapp

PLOPP!

Der Starter drückt den Knopf. Die Glocke ertönt. Mit einem Knall fliegen die Tore der Boxen auf. 12 Rennpferde stürmen los. Die Jockeys treiben sie an. Hufe prasseln über das Geläuf. Grassoden fliegen durch die Luft. Aus den Lautsprechern gellt die Stimme des Rennkommentators: »Rasputin zieht an den anderen vorbei! … Rasputin hat die Nase vorn! … Der Favorit setzt sich durch!«

Auf der Tribüne jubelt das Publikum: »RA- RA- RASPUTIIIIN!«

Da blitzt etwas im Sonnenlicht. Aus einer der Hecken schiebt sich ein bläulich schimmerndes Metallrohr. Ein leises PLOPP! Sirrend zischt etwas durch die Luft. Rasputin zuckt kurz zusammen. Aber noch sprintet er dem Feld mit zwei guten Pferdelängen voraus. »Ist das Rennen schon entschieden?«, ruft der Kommentator. Aber plötzlich stockt seine Stimme: »Hoppla, was ist das? Der Favorit fällt zurück!«

Tatsächlich: Rasputin schwächelt! Der Jockey schwingt die Peitsche, versucht den Hengst weiter anzutreiben, aber die anderen Pferde ziehen an ihm vorbei. Die Stimme des Kommentators überschlägt sich vor Aufregung: »Das gibts doch nicht! ... Der Favorit wird immer langsamer ... Er fällt vom Galopp in den Trab ...«

Im Publikum vergraben einige Zuschauer ihre Gesichter in den Händen. »Rasputin ist der große Verlierer!«, ruft der Sprecher. »Das Rennen ist entschieden ... Ist das eine Überraschung! Rasputin schleppt sich als Letzter ins Ziel!!!«

1.

Rasputin am Boden

»So eine Sauerei!«

Rennpferdbesitzer Curt Zollner ist außer sich. Hauptkommissarin Elisa Klapp, Kriminaltechniker Anton Stuhl und ihr Polizeispürhund Mops folgen ihm zu den Boxen. Als der Anruf kam, sind sie sofort losgefahren. Und eine halbe Stunde später waren sie mit ihrem Tandem in Hoppegarten.

»Gut, dass Sie uns gleich verständigt haben«, sagt Elisa. »Was genau ist denn passiert?«

Die Frage bringt Zollner noch mehr in Rage. »Irgendein Dreckskerl muss Rasputin vergiftet haben! Anders lässt sich das nicht erklären.«

»Rasputin?«, fragt Anton.

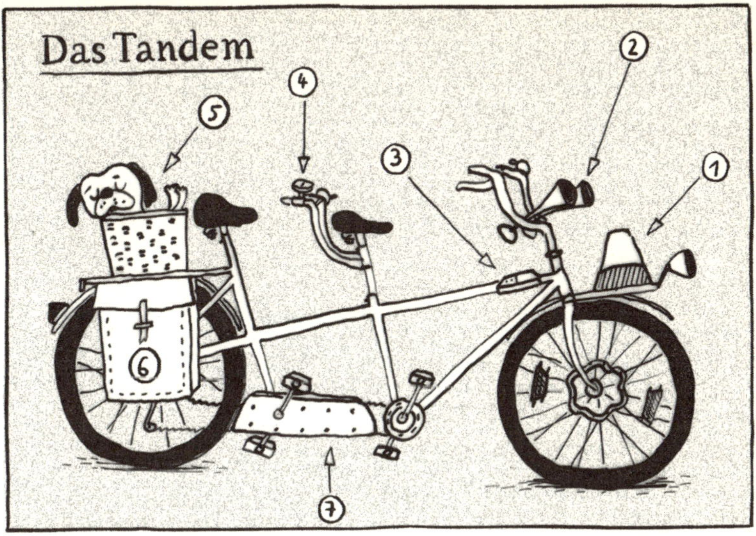
Das Tandem
1
2
3
4
5
6
7

6.
INTERNETFÄHIGES
TABLET
MOBILES KRIMINAL-
TECHNISCHES LABOR

Legende

1. BLAULICHT
2. MARTINSHORN
3. COCKPIT
4. TURBOKNOPF
5. MOPS
6. TABLET + MOBILES LABOR
7. ELEKTRISCHER HILFSMOTOR

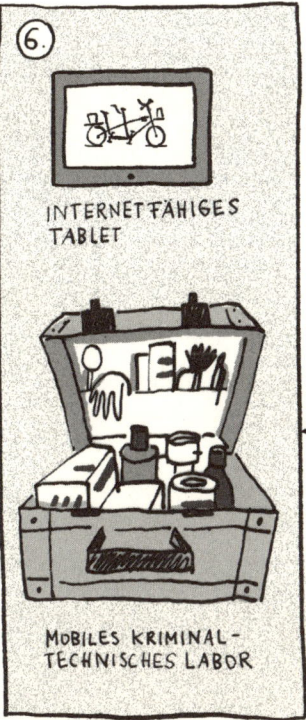

»Mein bestes Rennpferd«, erklärt Zollner. »Ein eng-lischer Vollblut-Hengst.«

»Oha«, sagt Anton und tritt mit Zollner und Elisa in den Stall. »Oha« ist eins von Antons Lieblingswörtern. Je bedeutsamer ihm eine Er-kenntnis erscheint, desto langgezogener wird das »a«: von »Oha« bis »Ohaaaaaaaaaa« oder sogar »Ohaaaaaaaaaaaaaaaaaaaaaaa!«.

»Rasputin war topfit und der klare Favorit«, er-klärt Zollner weiter. »Aber mitten im Rennen hatte er plötzlich einen Schwächeanfall. Er ist als Letzter durchs Ziel. Wir können von Glück sagen, dass er es danach überhaupt noch bis hierher geschafft hat.«

Zollner deutet auf eine der Boxen. Elisa und Anton schauen hinein. Mops, der neugierig zwischen ihren Beinen durchgewitscht ist, bleibt ruckartig stehen und zuckt mit seiner Ringelrute. Auf dem Stroh vor ihm liegt regungslos ein großer schwarzer Pferde-körper – Rasputin! Eine Tierärztin untersucht ihn. Neben ihr hockt mit verweintem Gesicht eine junge Pferdepflegerin und streichelt Rasputins Rücken.

»Ist … ist … er tot?!«, fragt sie bang.

Mops, der kurz an einem der Pferdebeine geschnup-pert hat, schnaubt leise »Pff-pff«, das heißt so viel wie ›Unsinn‹ in Hundesprache.

»Nein, er lebt«, bestätigt die Tierärztin und lässt das Stethoskop sinken, mit dem sie Rasputins Herztöne abgehört hat. »Aber die Vitalfunktionen sind alle extrem verlangsamt.«

Elisa sieht, wie die Flanken des Pferdes sich kaum merklich heben und senken.

»Wird er wieder gesund?« Die Pferdepflegerin wischt sich mit dem Pulloverärmel die Tränen von der Backe.

»Ich denke schon«, sagt die Tierärztin. Sie holt eine Einwegspritze aus ihrer Tasche. »Genaueres kann ich aber erst sagen, wenn ich eine Blutprobe genommen habe.«

»Stopp!«, ruft Elisa energisch.

Die Tierärztin hält inne und schaut Elisa fragend an.

»Kriminalpolizei.« Elisa zückt ihren Dienstausweis und eine Lupe. »Bevor Sie irgendwas machen und dadurch vielleicht Beweise vernichten, möchte ich mir das Pferd noch mal ganz genau anschauen.«

»Wie Sie meinen …«, sagt die Ärztin.

Elisa beugt sich mit der Lupe über Rasputin und sucht dessen Körper Stück für Stück ab, bis sie schließlich an einer Stelle verharrt.

»Was ist das?« Sie kneift die Augen zusammen, um ganz genau hinsehen zu können.

Was hat Elisa entdeckt, das sie so beunruhigt??

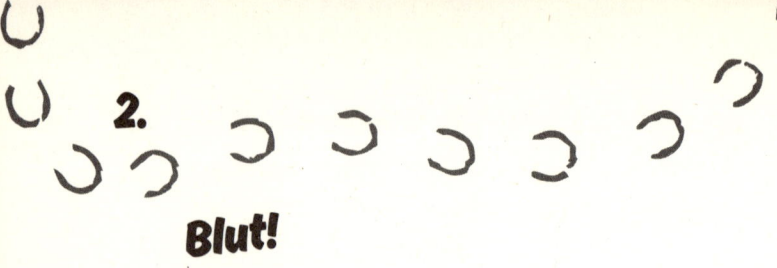

2.

Blut!

Anton und die Tierärztin beugen sich ebenfalls über die Stelle an Rasputins Flanke und schauen durch die Lupe.

»Ohaaaa!«, sagt Anton. »Das ist doch eine – Ha-Ha-Ha-« Elisa und die Tierärztin schauen ihn verwundert an. Da platzt schon ein lautes »Ha-tschi!« aus ihm heraus.

»'tschuldigung«, näselt Anton und schnäuzt sich lautstark in ein Taschentuch. »Ich hab eine leichte Pferdehaarallergie. Was ich sagen wollte«, Anton deutet auf eine kleine Wunde in Rasputins Fell, »das ist doch eine Einstichstelle!«

Rasputin liegt immer noch reglos da. Elisa nickt und betrachtet die Stelle durch die Lupe.

»Und zwar noch relativ frisch.«

»Wie von einer Nadel«, sagt Anton. »Hatschi!« Er muss schon wieder niesen und jetzt beginnen auch seine Augen zu tränen.

Die Tierärztin wundert sich. Sie hat Rasputin bisher weder eine Spritze gegeben noch sonst irgendwas gemacht, was die Verletzung erklären könnte.

Curt Zollner ist auch nichts aufgefallen. Er war vor und nach dem Rennen die ganze Zeit bei seinem Pferd.

Elisa zieht den einzig möglichen Schluss: »Dann muss Rasputin die Verletzung während des Rennens zugefügt worden sein.«

Anton nickt. »Das wäre möglicherweise auch eine Erklärung für den plötzlichen Leistungsabfall.«

»Ich hol mal den Jonny«, sagt Curt Zollner. »Vielleicht hat der ja was gemerkt.«

Zollner kommt in Begleitung einer kleinen Gestalt in Reithosen und einem farbigen Blouson zurück. Anton denkt erst, es sei ein Kind, aber dann erkennt er, dass es ein zierlicher Mann mit einem Kinnbärtchen ist.

»Tachchen«, begrüßt er Elisa und Anton, die vor dem Stall warten.

Zollner stellt ihn vor: »Jonny Erhard, mein Jockey.«

Jonny schüttelt Elisa und Anton die Hand. »Eigentlich sagen alle nur Jonny Erbse zu mir. Is' quasi mein Künstlername.«

Erbse? Anton kann ein kleines Kichern nicht unterdrücken. Er räuspert sich schnell. »Herr, Jonny, ähm, Erbse, ist Ihnen beim Rennen irgendwas an Rasputin aufgefallen?«

»Na logo!«, sagt Jonny. »Normalerweise zieht der ab wie 'ne Rakete. Aber vorhin ging gar nix mehr. Der ist geschlichen, als hätt er 'ne Packung Schlaftabletten intus.«

»Wir haben eine kleine Einstichwunde an seiner Flanke gefunden«, erklärt Elisa. »Könnte Rasputin irgendwo auf der Strecke verletzt worden sein?«

»Verletzt?« Jonny Erbse streicht über sein Kinnbärtchen. »Nicht dass ich wüsste …«

»Wo auf der Strecke ist Rasputin denn langsamer geworden?«, fragt Anton.

»Das kann ich euch ganz genau sagen. Das war in der Südkurve …«

Kurz darauf laufen Elisa, Anton und Mops über die Rennbahn Richtung Südkurve.

»Wussten Sie, dass Rennpferde bis zu 70 Stundenkilometer schnell sein können?«, sagt Anton, während seine Augen den Rasen absuchen.

»Nee«, antwortet Elisa und scannt das Gelände. »Sie kennen sich ja richtig aus.«

»Na ja.« Anton winkt ab. »Eigentlich hab ich's ja gar nicht so mit Pferden. Sie sind mir viel zu groß und eigensinnig. Und treten können sie einen auch.«

»Klingt, als hätten Sie einschlägige Erfahrungen gemacht«, sagt Elisa und grinst.

Anton nickt. »Ich war mal ein halbes Jahr bei der berittenen Polizei.«

»Das wusste ich ja gar nicht!«, sagt Elisa überrascht.

»Das war ganz am Anfang meiner Dienstzeit. Wegen der Allergie bin ich dann versetzt worden.« Anton grinst. »Und seitdem reite ich nur noch Drahtesel.«

Elisa seufzt. »Komisch. Als Kind war ich ganz vernarrt in Pferde. An meinem fünften Geburtstag waren wir auf der Kirmes und ich durfte mir drei Sachen aussuchen. Raten Sie mal, was ich genommen hab?«

Anton überlegt kurz. »Zuckerwatte, Achterbahn und Kettenkarussell?«

Elisa schüttelt den Kopf: »Dreimal Ponyreiten.«

Anton stellt sich vor, wie die kleine Elisa Runde um Runde auf einem Pony im Kreis reitet, und wischt sich den Schweiß von der Stirn. Die Sonne brennt auf sie herab. Anton schaut sich nach Mops um, der ihnen auf seinen kurzen Beinchen hinterherhechelt. Seine Zunge hängt ihm bis in die Kniekehlen. In seinem Hundefell ist es ihm sicher besonders heiß.

Elisa fächelt sich mit ihrer Mütze Luft zu. »Und jetzt gäbe ich ein Königreich für ein Pferd, das mich hier über die Rennbahn trägt.«

Da bleibt Anton stehen. »Ohaaaaaa! – Ich glaub, wir haben gefunden, wonach wir suchen!«

Was meint Anton?

?

3.

Der Stoff heißt Ketamin

Anton hebt das Fundstück auf. Es sieht aus wie eine Injektionsspritze mit einem kleinen Puschel hintendran.

»Ein Betäubungspfeil! Genau wie ich vermutet habe«, sagt Anton zufrieden. »Jemand muss ihn auf Rasputin abgefeuert haben.«

Elisa schaut auf die Spitze. »Die Nadel hat sich in seine Flanke gebohrt und das Betäubungsmittel in den Muskel gespritzt.«

»Und nach ein paar Metern ist der Pfeil dann wieder abgefallen und hier im Gras gelandet.«

Anton klappt sein mobiles Labor auf. Er tupft ein Wattestäbchen in die Restflüssigkeit, die noch in dem Pfeil ist, und fährt damit über mehrere Teststreifen. Einer davon verfärbt sich.

»Ketamin«, brummt Anton. »Ein starkes Betäubungsmittel speziell für Tiere. Wenige Gramm reichen, um Nashörner, Eisbären und Elefanten zu Fall zu bringen.«

»Oder eben ein Rennpferd«, ergänzt Elisa.

Mops schnaubt empört. So eine Gemeinheit! Was Menschen alles mit seinesgleichen machen!

Anton klappt das Labor zu und sichert den Pfeil als Beweisstück in einem Plastikbeutel.

Elisa lässt ihren Blick nachdenklich über die Rennbahn schweifen.

»Bleibt die Frage, womit der Pfeil abgefeuert wurde. Und von wo. Und vor allem, von wem.«

»Das sind gleich drei Fragen auf einmal.« Anton

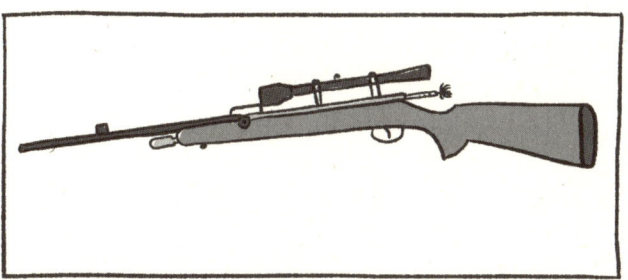

schaut auf die in der Ferne liegende Tribüne. »Um mal mit Frage eins anzufangen: Ich tippe auf ein Druckluftgewehr, das mit einer Gaskartusche arbeitet. Solche Gewehre werden üblicherweise zum Abschießen von Betäubungspfeilen benutzt. Sie sind extrem leise und funktionieren über eine Distanz von bis zu hundert Metern.«

Elisa deutet auf die Südkurve. »Johnny Erbse hat gesagt, dass Rasputin hier langsamer geworden ist. Das heißt, kurz vorher muss ihn der Pfeil getroffen haben.«

Anton nickt. »Die betäubende Wirkung des Ketamins setzt binnen weniger Sekunden ein.« Anton zückt sein Notizbuch und macht eine Skizze der Rennbahn, in die er alle bekannten Daten einträgt.

Er betrachtet das Bild einen Moment und tippt dann mit dem Bleistift auf eine Stelle. »Wenn man alle Parameter berücksichtigt, dann kann der Pfeil eigentlich nur von hier aus abgefeuert worden sein.«

Von wo kam der Schuss?

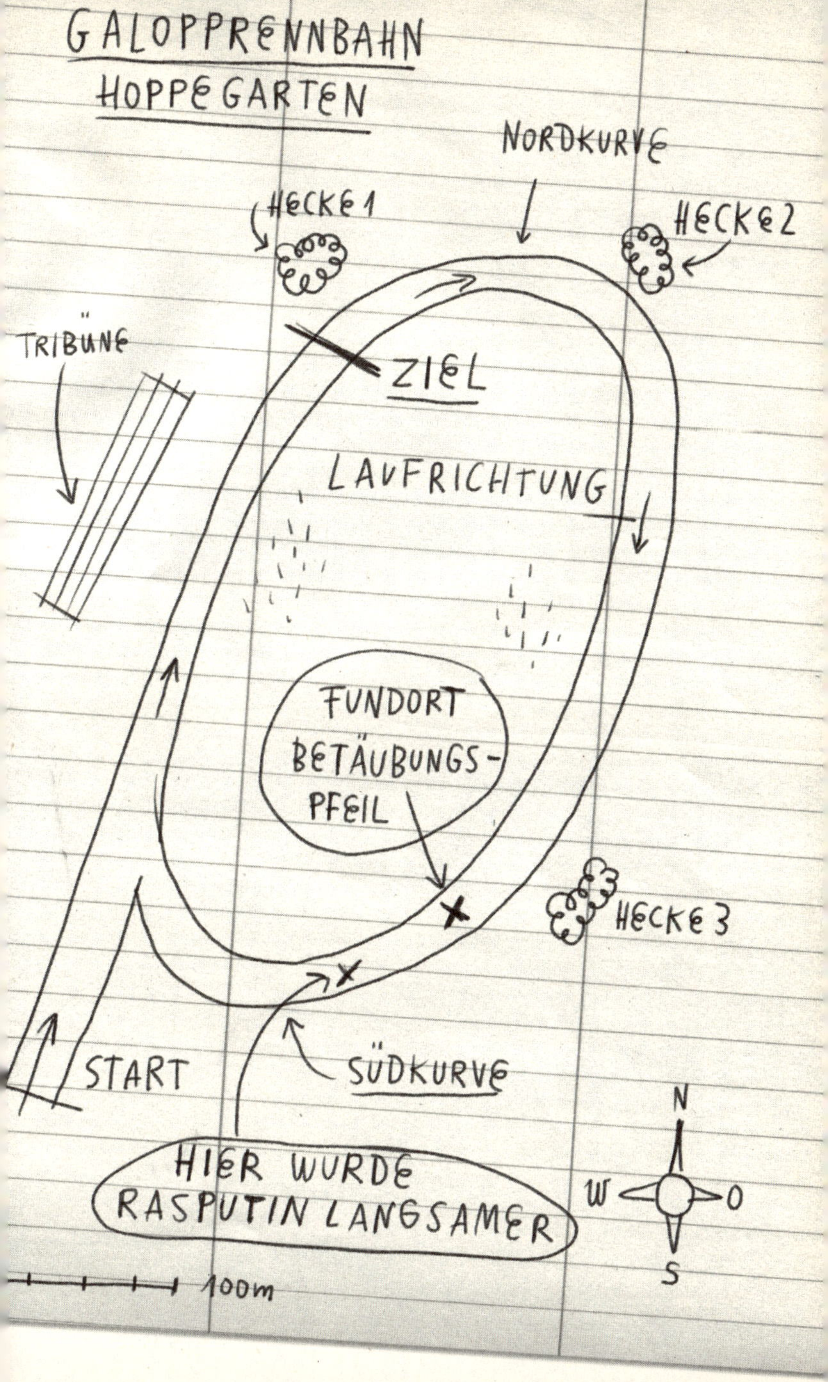

GALOPPRENNBAHN
HOPPEGARTEN

NORDKURVE

HECKE 1

HECKE 2

TRIBÜNE

ZIEL

LAUFRICHTUNG

FUNDORT
BETÄUBUNGS-
PFEIL

HECKE 3

START

SÜDKURVE

HIER WURDE
RASPUTIN LANGSAMER

N
W — O
S

100m

4.

Doppelspur am Geläuf

Beachtet man die Zwischenzeiten, den Rennverlauf, die Reichweite des Gewehrs und den Fundort des Pfeils, dann muss der Schuss aus der Hecke an der Südkurve abgegeben worden sein!

Elisa, Anton und Mops gehen zu der Stelle. Die dichte Ligusterhecke steht da wie eine undurchdringliche grüne Wand. Was tun?

Mops gibt kurz Laut. Dann legt er die Ohren an, macht sich platt wie eine Flunder und kriecht unter den Zweigen durch. Elisa und Anton hören es aus dem Blattwerk schnauben und rascheln, scharren und knistern. Schließlich ertönt ein lautes »Wuff« und Mops' Kopf taucht wieder zwischen den Zweigen auf. Mit seinen großen Augen plinkert er Elisa

und Anton ungeduldig an: Worauf wartet ihr noch?!
Das »Wuff« ist schließlich sein Zeichen dafür, dass
er was gefunden hat! Elisa und Anton zwängen sich
ebenfalls zwischen den Zweigen durch und staunen
nicht schlecht: In der Hecke ist eine Höhle! Sie bietet
genug Platz für einen Menschen. Die Rennbahn mit
der Südkurve ist durch die Blätter gut zu erkennen.
»Das perfekte Versteck«, sagt Elisa.
»Achtung, möglichst wenig bewegen!«, sagt Anton.
»Wenn der oder die Täterin Spuren hinterlassen hat,
dürfen wir die nicht zerstören.«
Er schaut sich um. Elisa ebenfalls. Langsam gewöh-
nen sich ihre Augen an das grünliche Zwielicht.
Plötzlich sagt Anton gedehnt: »Ohaaa!«
»Ohaaaaaaa!«, echot Elisa noch etwas gedehnter.
»Sehr witzig«, sagt Anton beleidigt, weil er denkt,
dass Elisa sich über ihn und seinen »Oha«-Tick
lustig macht. »Ich habe wirklich etwas entdeckt«,
sagt er verschnupft.

»Ich auch«, sagt Elisa und grinst Anton verschmitzt an. »Ich wollte Sie nicht nachäffen. Ich wollte mit meinem ›Oha‹ einfach nur zum Ausdruck bringen, dass wir nicht nur eine Spur gefunden haben, sondern gleich zwei!«

Welche zwei Spuren meint Elisa?

5.

Sohle und Stoff

In der feuchten Erde hat jemand einen Schuhabdruck hinterlassen. Das ist die erste Spur. Und der Stofffetzen, der an einem Zweig der Hecke hängt, ist die zweite.

»Klassisches Schottenkaro«, sagt Anton, nachdem er den Stofffetzen mit einer Pinzette aus den Zweigen gezupft hat.

»Könnte von einer Jacke sein«, sagt Elisa. »So eine ähnliche hab ich mir auch erst kürzlich gekauft.«

Anton klappt wieder sein mobiles Labor auf und Elisa kriecht aus der Höhle, um ihn in Ruhe arbeiten zu lassen. Zuerst sichert Anton ein exaktes Abbild des Schuhabdrucks. Dafür rührt er eine Silikonmasse

an und gießt damit die Vertiefung aus. Während die Masse aushärtet, untersucht Anton den Stofffetzen genauer. Er nimmt verschiedene Faserproben und analysiert sie auf ihre chemische Zusammensetzung. Dabei murmelt er leise vor sich hin: »Interessant … Kette … Schuss … Brennprobe … Baumwolle … Kunstfaser …«

Als er schließlich auch wieder zwischen den Zweigen der Hecke nach draußen kriecht, schaut Elisa ihn gespannt an. Mops, der die Pause für ein kleines Nickerchen genutzt hat, streckt sich und gähnt.

»Also«, Anton räuspert sich bedeutungsvoll, »anhand der Ergebnisse kann ich jetzt exakt feststellen, welche Schuhgröße unser Täter trägt und aus was für einem Gewebe das Kleidungsstück ist.«

Er öffnet mehrere Tabellen auf seinem Tabletcomputer und vergleicht sie mit den Ergebnissen seiner Untersuchungen.

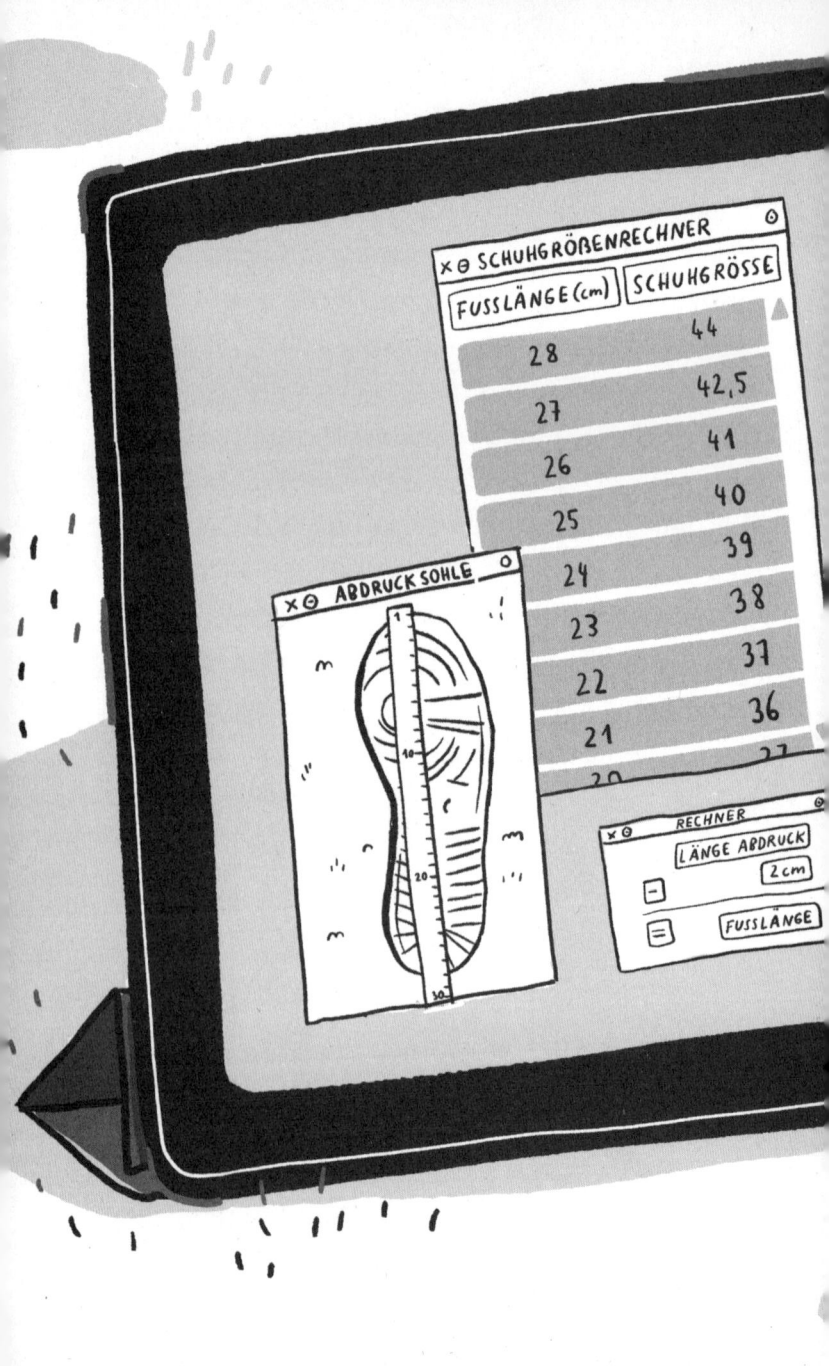

FASERN

NATURFASERN:
- BAUMWOLLE
- WOLLE
- LEINEN

KUNSTFASERN:
- POLYESTER
- POLYACRYL
- NYLON

MISCHGEWEBE:

80% WOLLE +
20% POLYESTER

40% POLYESTER +
60% BAUMWOLLE

60% BAUMWOLLE +
40% LEINEN

ERGEBNIS

FASERPROBEN-
ANALYSE

*Welche Schuhgröße und welche Stoffart trug
der Täter oder die Täterin?*

6.

Die Freundlichen Pferdefreunde

»Der Stofffetzen besteht aus einem Mischgewebe«, verkündet Anton. »60 Prozent Baumwolle und 40 Prozent Polyester, solche Stoffe sind besonders strapazierfähig und haltbar. Sie werden vielseitig eingesetzt. Vor allem für Jacken und Hosen.«

Anton hält den inzwischen ausgehärteten Abdruck hoch, den er vermessen hat. »28cm minus zwei ergibt 26cm. Ergo haben wir es hier mit einer Schuhgröße 41 zu tun. Dem Profil nach tippe ich auf einen Turnschuh.«

Elisa nickt zufrieden. »Dann suchen wir jetzt nach einer Person mit Turnschuhen in Größe 41, die ein Kleidungsstück mit Schottenkaro-Muster aus Mischgewebe trägt.«

»Das war bestimmt jemand von diesen durchgeknallten Eff-Pe-Eff-Leuten«, sagt Curt Zollner, nachdem Elisa und Anton ihn über ihre Erkenntnisse informiert haben.

»Eff-Pe-Eff-Leute?«, fragt Elisa.

»Die ›Freundlichen Pferdefreunde‹, kurz FPF. So nennen die ihren Verein. Dabei sind sie weder freundlich, noch haben sie die leiseste Ahnung von Pferden.«

»Sie meinen Tierschützer?«, fragt Anton.

»Mit Tierschutz hat das nichts zu tun«, schnaubt Zollner. »Die kampieren seit Wochen hier vor dem Eingang und belästigen alle Besucher mit ihren Transparenten und Unterschriftenlisten. Denen trau ich alles zu. Auch dass sie mein Pferd betäuben, nur damit es keine Rennen mehr laufen muss!«

»Dann werden wir die mal gleich besuchen ... diese freundlichen Pferdefreunde«, sagt Elisa.

Mit dem Tandem sind es nur ein paar Minuten bis zum Eingang der Rennbahn. Auf dem Vorplatz steht ein buntes Zelt. Darüber weht ein handgemaltes Banner im Wind: »Pferdesport ist Pferdemord!!!«

Elisa und Anton stellen das Tandem ab und betreten das Zelt. In dessen Mitte hockt eine drahtige Frau mit Bürstenhaarschnitt und liest. »Sie sind bestimmt eine freundliche Pferdefreundin«, sagt Elisa zur Begrüßung.

Die Frau springt auf und lächelt erfreut. »Und Sie wollen bestimmt unterschreiben!« Sie hält Elisa

und Anton eine Kladde mit einer Unterschriftenliste hin. »Wir fordern ein sofortiges Verbot aller Rennen. Die Tierquälerei muss beendet werden! Wir haben schon über 8.000 Unterschriften. Und wenn Sie wollen, können Sie unsere Arbeit auch mit einer Spende unterstützen. Wir –«

»Nicht so schnell«, unterbricht Elisa den Redefluss. »Wir sind von der Polizei. Kommissarin Klapp und Kollege Stuhl. – Darf ich um Ihren Ausweis bitten?«

Die Miene der Frau verfinstert sich schlagartig. »Schickt Sie der Rennbahn-Manager?! Wir lassen uns hier nicht vertreiben! Das können Sie ihm sagen!«

»Wir wollen Sie nicht vertreiben«, beruhigt Elisa. »Könnte ich jetzt trotzdem Ihren Ausweis sehen?«

»Das ist doch alles nur Schikane«, murrt die Frau und hält Elisa ihren Perso hin. »Habt ihr Bullen nix Besseres zu tun?!«

Elisa liest den Namen: »Frau Irene Sieghart. Wo waren Sie heute Vormittag während des Rennens?«

»Na, wo wohl«, sagt Irene Sieghart patzig. »Ich war hier und hab Unterschriften gesammelt. Was soll das alles?«

»Es geht um Rasputin«, erklärt Anton, der immer noch die Unterschriftenliste in der Hand hält.

»Rasputin!« Auf das Stichwort scheint Irene Sieghart nur gewartet zu haben. »Da sehen Sie, was diese geldgeilen Typen alles mit den armen Pferden anstellen. Die werden geschunden, bis sie nicht mehr können. Allein letztes Jahr sind weltweit fast 500 bei Rennen gestorben.«

»Oh.« Anton runzelt betroffen die Stirn.

»Es ist zum Kotzen«, redet sich Irene Sieghart weiter in Rage. »Die Besitzer wollen einfach nur Kohle machen. Für hunderttausend Euro Preisgeld peitschen sie die Tiere bis an die Überlastungsgrenze. Und dann wundern sie sich, wenn die kollabieren. So wie Rasputin.«

»Rasputin ist aber nicht wegen Überlastung kollabiert, sondern weil ihn jemand unter Drogen gesetzt hat«, wendet Elisa ein.

»Unter Drogen?!« Irene Sieghart guckt überrascht.

»Ein Betäubungsmittel«, sagt Elisa. »Können Sie mit einem Gewehr umgehen?«

Anton hat mithilfe seines Tabletcomputers inzwischen die Personaldaten von Irene Sieghart überprüft.

»Sie haben einen Jagdschein, wie ich sehe.«

Irene schluckt. »Ja … schon … aber …« Sie fängt sich wieder. »Also … mein Vater ist begeisterter Jäger. Und er wollte unbedingt, dass ich auch Jägerin werde. Aber ich wusste immer, dass es falsch ist, Tiere zu töten. Deswegen bin ich ja auch Tierschützerin geworden.«

»Aber Sie können auch mit einem Gewehr umgehen«, hakt Elisa nach.

»Ich hab seit 15 Jahren keine Waffe mehr angefasst.« Irene schüttelt vehement den Kopf. »Ich lehne jede Form von Gewalt ab!«

Elisa will etwas entgegnen, doch in diesem Moment beugt Anton sich zu ihr und flüstert ihr etwas ins Ohr.

Elisa hält inne und schaut sich in dem Zelt um. Anton hat recht. Es sieht nicht so aus, also ob die Spuren in der Hecke von Irene Sieghart sein könnten.

Woran haben Anton und Elisa das erkannt?

7.

Jacke wie Hose

In einem Regal stehen die Schuhe von Irene Sieg-hart. Sie haben die Größe 38, sind also viel zu klein. Und das Sohlenprofil passt auch nicht zu der Spur.

Elisa deutet auf die Jacke am Kleiderständer, deren Karo ebenfalls nicht zu dem Stofffetzen passt. »Haben Sie außer den Sachen und den Schuhen noch andere Kleidungsstücke hier?«, fragt Elisa. »Abgesehen von dem, was Sie anhaben?«

»Nein«, sagt Irene Sieghart. »Kontrolliert die Polizei jetzt auch noch meinen Kleidungsstil?«

»Nein, nein«, beruhigt Anton. »Aber vielleicht kennen Sie ja zufällig jemanden hier auf der Rennbahn, der etwas mit so einem Schottenkaromuster trägt? Und dazu Schuhgröße 41?«

Anton hält Irene Sieghart den Plastikbeutel mit dem Stofffetzen hin. Irene guckt auf das Muster und überlegt. »Hmmm. Kalle trägt gerne so karierte Hosen. Aber fragen Sie mich jetzt bitte nicht, was für 'ne Schuhgröße der hat ...«

»Kalle wer?«, fragt Elisa.

»Zocker Kalle. Er hängt immer an den Wettschaltern ab. Der Kerl ist spielsüchtig.«

Elisa und Anton bedanken sich bei Irene Sieghart und schwingen sich wieder aufs Tandem, um zum Wettbüro auf dem Rennbahngelände zu fahren. An den Schaltern ist einiges los. Die Leute drängeln sich, um ihre Wettscheine einzulösen und neue Wetten für das nächste Rennen abzugeben. Suchend lassen Elisa und Anton ihre Blicke über die Menge schweifen.

»Da«, sagt Elisa und deutet in eine Richtung. »Das muss er sein.«

Wo ist Zocker Kalle?

8.

Zocker Kalle in der Falle

Elisa und Anton treten zu Kalle, der gerade aus der Toilette kommt und schnell noch seinen Hosenladen zumacht.

»Schicke Turnschuhe haben Sie da«, sagt Anton. »Was ist das denn für 'ne Größe?«

Kalle guckt kurz irritiert, dann grinst er schlitzohrig. »Wollen wir wetten? Wenn Sie die richtige Größe raten, gehören die Schuhe Ihnen. Wenn nicht, krieg ich 50 Euro. Das ist 'ne einmalige Chance für Sie. Das sind orginal 95er-Revival-All-Star-Speed-Max-Spezial mit Leuchtstreifen. Und so gut wie nie getragen, also fast neu!«

Mops schnaubt. Dass die 95er-Revival-All-Star-Speed-Max-Spezial schon völlig ausgelatscht sind, kann er zehn Meter gegen den Wind riechen.

Anton schüttelt den Kopf. »Danke für das Angebot, aber ich halt mich lieber an die Fakten.«

Er zieht sein Maßband raus und misst damit kurzerhand die Länge von Kalles Schuhen.

»Größe 41. – Das passt«, sagt Anton.

Elisa schaut auf Kalles Hose: Schottenkaro mit einem Loch am Po! »Passt auch!« Sie kommt direkt zur Sache. »Haben Sie beim letzten Rennen auf Rasputin geschossen?«

»Ge-ge-geschossen?!« Kalle glotzt sie durch seine Brille perplex an.

»Genau, geschossen«, wiederholt Elisa und hält Kalle ihren Dienstausweis unter die Nase.

»Po-Po-Polizei?« stammelt Kalle.

Elisa nickt und deutet auf das Loch in seiner Hose. »Apropos Po. Damit sind Sie wohl in der Hecke hängen geblieben?«

»Ne-ne-ne-neee!«, protestiert Kalle. »Das ist ein Brandloch … von einer Z-Z-Zigarette.«

Vor lauter Aufregung kommt Kalle aus dem Stottern gar nicht mehr raus. Er tut Anton fast ein bisschen leid.

Aber Elisa lässt nicht locker. »Ich frage noch mal: Haben Sie beim letzten Rennen auf Rasputin geschossen?«

Kalle schüttelt den Kopf. »Ich kann gar nicht schießen.« Er deutet auf seine Brille. »Ich bin doch ku-ku-kurzsichtig. Ich würd nicht mal 'nen Elefanten treffen, wenn er direkt vor mir steht. Wollen wir w-w-wetten? 50 Euro?«

Anton schaut auf Kalles Brille. Die Gläser sind tatsächlich dick wie Glasbausteine.

»Sie wetten wohl wirklich gerne, was?«, sagt Elisa.

Kalle nickt eifrig: »Wetten sind meine große Leidenschaft! Vor allem, wenn ich gewinne!«

»Vielleicht haben Sie ja deswegen geschossen«, sagt Elisa. »Um den Ausgang des Rennens zu manipulieren.« Sie deutet auf die Tafel mit den Wettquoten: »Rasputin war der Favorit. Mit einer Wette auf den letzten Platz hätten Sie 'ne Menge Geld machen können!«

Wie viel Geld hätte Kalle gewonnen bei 100 Euro Einsatz auf den letzten Platz für Rasputin?

Wettquoten: Bei 10 € Einsatz erhalten Sie folgende Gewinne

	1.Platz	2.Platz	3. Platz	letzter Platz
Pferd	Borgia	Borgia	Borgia	Borgia
Gewinn	15 €		35 €	150 €
Pferd	Ticino	Ticino	Ticino	Ticino
Gewinn	100 €	80 €	60 €	15 €
Pferd	Rasputin	Rasputin	Rasputin	Rasputin
Gewinn	20 €	30 €	40 €	200 €
Pferd	King Kiba	King Kiba	King Kiba	King Kiba
Gewinn	75 €	50 €	25 €	35 €
Pferd	Miracle	Miracle	Miracle	Miracle
Gewinn	60 €	30 €	15 €	80 €
Pferd	Dschingis	Dschingis	Dschingis	Dschingis
Gewinn	55 €	35 €	15 €	115 €
Pferd	Floresunt	Floresunt	Floresunt	Floresunt
Gewinn	120 €	100 €	80 €	15 €
Pferd	Hoppsi	Hoppsi	Hoppsi	Hoppsi
Gewinn	300 €	200 €	100 €	12 €

9.

Schottenkaro

Anton hat schnell gerechnet: Bei einer Wettquote von 10 zu 200 hätte Kalle mit 100 Euro Einsatz satte 2.000 Euro gewonnen!

»Hätte, hätte, F-F-Fahrradkette«, sagt Kalle und fummelt einen Wettschein aus der Tasche. »Ich hab aber leider alles verloren!«

Elisa und Anton schauen auf den Wettschein: Kalle hat 50 Euro auf den zweiten Platz von Rasputin gesetzt.

»Das ist noch kein Beweis«, sagt Elisa. »Vielleicht wollten Sie ja, dass Rasputin den zweiten Platz macht, aber dann war die Dosis zu stark.«

Anton hat inzwischen das Loch in Kalles Hose mit dem Fetzen aus der Hecke verglichen. Der Stoff ist der gleiche, aber die Form passt leider nicht.

»Viele Leute tragen solche Hosen«, sagt Kalle. »Und ich bin auch nicht der Einzige mit Schuhgröße 41. Wollen wir wetten? 50 Euro?«

Er hebt einen der Schuhe und zeigt dabei die Sohle. Anton erkennt, dass das Profil nicht mit dem Abdruck übereinstimmt. Mist. Zocker Kalle scheint zwar wirklich spielsüchtig zu sein, aber der gesuchte Täter ist er aller Wahrscheinlichkeit nach nicht.

Elisa und Anton stehen wieder ganz am Anfang. Was tun?

Aber Anton hat schon eine neue Idee. Er zeigt auf die Überwachungskameras, die an den Tribünen installiert sind. »Vielleicht helfen uns die Bilder weiter. Wenn unser Täter im Publikum war, muss er oder sie von den Kameras aufgenommen worden sein.«

Kurz darauf sichten Anton und Elisa im Büro der Rennbahnleitung die Videos. Man sieht die Menschen auf der Tribüne, wie sie aufgeregt auf den Beginn des Rennens warten. Wie sie beim Start jubelnd die Arme in die Luft werfen, die Pferde anfeuern. Und wie sie am Ende überrascht die Köpfe schütteln. Elisa deutet seufzend auf den Monitor. »Dieses

Schottenkaromuster scheint wirklich schwer in Mode zu sein.«

Tatsächlich tragen etliche Menschen im Publikum Kleidungsstücke mit Schottenkaromuster.

»Hmmmmmm«, brummt Anton und guckt konzentriert auf den Monitor. Dann stoppt er die Aufzeichnung und spult zurück. »Ich glaub, ich hab was.« Er hält das Bild an und deutet auf den Time-Code. »Das war vor dem Rennen.« Er spult weiter vor. »Das war während des Rennens.« Er spult noch ein Stückchen vor. »Und das hier nach dem Rennen!«

Was ist Anton aufgefallen? **?**

10.
Ganz besonders wichtige Leute

»Ohaaaaa! Unser Täter ist wohl ein Musiker!« Anton deutet auf die Person mit der Schottenkaromütze und dem Geigenkoffer neben sich.

»Ich vermute eher, dass da das Betäubungsgewehr drin war«, sagt Elisa und betrachtet die Gestalt auf dem Video genauer. Sie hat die Mütze tief ins Gesicht gezogen. Ihr Geschlecht ist nicht zu erkennen.

Anton kopiert die Aufnahmen auf sein Tablet. Als er und Elisa sie kurz darauf Curt Zollner zeigen, runzelt der nachdenklich die Stirn. »Ich hab so 'ne Mütze schon mal gesehen. Ich weiß nur nicht, wo und an wem ...«

Jonny Erbse guckt Zollner interessiert über die Schulter. »Hinz und Kunz wird's nicht gewesen sein. In dem Bereich der Tribüne kosten die Plätze nämlich richtig Schotter. Das können sich eigentlich nur VIPs leisten.«

Elisa horcht auf. VIP ist die Abkürzung für »Very Important Person« – auf Deutsch heißt das »ganz besonders wichtige Person«.

»Gibt es denn vielleicht irgendwelche VIPs, die es auf Rasputin abgesehen haben könnten?«, fragt sie.

»Das wär natürlich der Gipfel.« Zollner kratzt sich am Nacken. »Also, spontan fallen mir da drei Leute ein …«

»Als da wären?«, hakt Anton gespannt nach.

Zollner nennt drei Namen, die Anton auf seinem Tablet sofort in die Suchmaschine eingibt.

Da ist zum einen Scheich Tarik bin Fahd aus Saudi-Arabien. Ihm gehört die Stute Borgia, die auch am Start war und nach Rasputins Ausfall den ersten Platz beim Rennen gemacht hat.

Dann gibt es die Gestütbesitzerin Lonika Overesch, die immer wieder Kaufangebote für Rasputin gemacht hat.

Und zuletzt ist da noch der Matratzenmillionär Eduard Prange. Der wollte Rasputin als Paradepferd für seine Hochzeitskutsche haben, als er letzten Monat die Fitness-Influencerin Miko Kobushi geheiratet hat.

Elisa überlegt: »Alle drei hätten ein Motiv. Der Scheich könnte Rasputin betäubt haben, damit seine Stute den ersten Platz macht. Die Gestütbesitzerin könnte es gewesen sein, weil sie den Preis für Ras-

putin drücken wollte. Und der Matratzenmillionär wollte sich vielleicht einfach nur rächen …«

Anton hat die Fotos aus dem Internet schon mit den Bildern der Überwachungskamera verglichen.

»Also, zwei der Kandidaten scheiden schon mal aus …«

Welche zwei meint Anton? Und warum?

?

11.

Lonika ist nicht da

Elisa genügt ein Blick auf die Fotos, um zu verstehen, was Anton meint. »Der Scheich scheidet wegen der Hautfarbe aus und der Matratzenmillionär wegen seiner Figur. Bleibt also nur Lonika Overesch.«

»Die ist eh die schlimmste Nervensäge von allen«, schnaubt Zollner. »Dauernd macht sie mir neue Angebote für Rasputin, obwohl ich ihr klipp und klar gesagt hab, dass ich ihn nie hergeben werde.«

»Warum will sie ihn denn unbedingt haben?«, fragt Anton.

»Für ihr Gestüt«, sagt Zollner. »Ihr gehört der Treidelhof in Rüdersdorf.«

Rüdersdorf ist gar nicht weit. Anton nimmt auf dem Sozius des Tandems Platz und gibt die Adresse ins Navi ein. »Biegen Sie jetzt rechts ab und folgen dann der Straße in östlicher Richtung«, schnarrt die Stimme. »Voraussichtliche Fahrtzeit bis zum Ziel 29 Minuten.«

Während Elisa und Anton in die Pedale treten, hält Mops hinten in seinem Korb die Schnauze in den Wind.

Nach exakt 28 Minuten und 13 Sekunden Fahrtzeit erreicht das Tandem den Treidelhof. Das Gestüt liegt in einer kleinen Senke zwischen Wäldern und Feldern. Es gibt mehrere Koppeln, Stallgebäude und ein Wohnhaus. Vor einem der Ställe steht ein Mann und striegelt das Fell einer weißen Stute. Als die das Tandem heranrollen sieht, hebt sie unruhig den Kopf und macht einen Satz zur Seite.

»Ruhig, Melody«, sagt der Mann und tätschelt der Stute den Hals.

Elisa und Anton steigen ab.

»Das ist aber ein schöner Schimmel«, sagt Anton und bleibt auf Abstand.

Der Mann nickt nur und bürstet weiter.

»Wo finden wir denn Frau Overesch?«, fragt Elisa.

»Was wollen Sie denn von ihr?« Der Mann hält inne und schaut Elisa fragend an. Er hat Segelohren und Sommersprossen. Auf seiner Weste ist ein Schild mit aufgesticktem Namen: V i n c e n t E b e r t.

Elisa zückt ihren Dienstausweis. »Wir sind von der Polizei und hätten ein paar Fragen.«

Der Mann zögert kurz. »Die Chefin ist nicht da. Und

ich bin nicht befugt, irgendwelche Auskünfte zu erteilen.«

Er legt den Striegel weg, greift nach einer Sofortbildkamera und macht ein Foto von Melody.

»Wo ist Ihre Chefin denn, Herr Ebert?«, fragt Anton.

»Unterwegs ...« Das Foto schnurrt aus der Kamera. Der Mann wedelt es durch die Luft, damit es sich gut entwickelt. »Ich bin grad alleine auf dem Hof. Und wie Sie sehen, hab ich beide Hände voll zu tun.«

»Mit Pferde-Fotografieren?«, fragt Anton neugierig. Der Mann schüttelt den Kopf. »Das ist nur für die Dokumentation. Alle unsere Pferde werden zweimal täglich bewegt und gepflegt ...« Der Mann schaut auf das fertig entwickelte Foto, das die Stute in ihrer ganzen Schönheit zeigt. »Und wir führen für jedes Tier ein Tagebuch. Da kommen alle Fotos und Daten rein ...«

»Wenn Sie hier so genau Buch führen, wissen Sie doch bestimmt auch, ob Ihre Chefin heute früh auf der Rennbahn in Hoppegarten war?«, fragt Elisa.

Der Mann schüttelt schnell den Kopf. »Nee, heute früh war Lonika hier. Das kann ich selbst bezeugen.« Er bindet Melody los.

»Wir würden es trotzdem gerne von ihr selbst hören.«

Elisa zieht eine Visitenkarte aus der Tasche und reicht sie dem Mann. »Richten Sie Frau Overesch bitte aus, dass sie sich bei uns melden soll, sobald sie zurück ist.«

»Geht klar …« Der Mann steckt die Karte in seine Jackentasche. Damit ist das Gespräch für ihn beendet.

Während Elisa und Anton wieder zum Tandem gehen, führt er Melody zurück in die Box.

Anton sitzt schon im Sattel und wartet, dass Elisa endlich aufsteigt. Aber die schaut noch mal nachdenklich zurück zum Gestüt und zögert.

Auf der Rückfahrt ist sie ungewohnt schweigsam. Sie radeln gerade durch Friedrichshain und Anton schlägt vor, dass sie doch noch kurz am Boxhagener Platz halten könnten, um sich ein Feierabend-Eis zu holen, da bremst Elisa scharf. »Verdammt!«

Mops, der in seinem Korb gedöst hat, hebt verwundert den Kopf. Anton japst erschrocken. »Was denn!?«

Elisa bleibt stehen und dreht sich zu Anton um. »Ich hatte die ganze Zeit das Gefühl, dass das Segelohr uns angelogen hat. Und jetzt weiß ich auch, warum.«

An was hat Elisa sich erinnert?

12.

Rappe ist nicht gleich Rappe

»Dass da zwei Eisbecher standen, ist mir gar nicht aufgefallen«, sagt Anton leicht zerknirscht.

»Ich hab einfach zu spät geschaltet«, seufzt Elisa. »Die muss jemand gerade erst auf den Terrassentisch gestellt haben, sonst wären die Kugeln geschmolzen.«

Elisa und Anton hocken vor dem »Dito & Bonito« am Boxhagener Platz. Nach Antons Meinung gibt es hier das beste Eis von ganz Berlin. Und Mops, der bäuchlings unter ihrem Bänkchen liegt, kann dem nur zustimmen. Während er schmatzend sein Spezial-Hunde-Eis aus Bananen-Möhren-Sorbet zerkaut, leckt Anton an einer Kugel Karamell.

»Also muss da noch eine zweite Person auf dem Gestüt gewesen sein«, sagt Anton. Elisa nickt und beißt ärgerlich in ihre Waffel mit Zitrone. »Wir fahren morgen früh gleich wieder hin und klopfen da mal richtig auf den Busch.«

Doch es kommt anders. Der neue Tag hat kaum begonnen, da klingelt Elisas Telefon. Es ist Curt Zollner: »Rasputin wurde über Nacht entführt!«

Elisa, Anton und Mops schwingen sich sofort aufs Tandem und fahren nach Hoppegarten.

Als sie auf der Rennbahn ankommen und zu den Ställen gehen, bleibt Anton in gebührendem Abstand stehen. Er will nicht gleich wieder einen Niesanfall riskieren. Und er wundert sich auch ein bisschen. Denn vor ihm guckt Rasputin fröhlich aus seiner Box und spitzt neugierig die Ohren, als er die Ermittler sieht.

»Aber da ist er doch«, sagt Anton. »Rasputin!«

Mops, der vorausgeeilt ist, protestiert schnaubend, weil sein Geruchssinn sich nicht so leicht täuschen lässt.

Und auch Elisa schüttelt den Kopf: »Mensch, Herr Kollege, schauen Sie mal genauer hin! Rappe ist nicht gleich Rappe! – Das ist nicht Rasputin, sondern ein anderes Pferd, das ihm verdammt ähnlich sieht.«

Welche Unterschiede sind Elisa aufgefallen?

13.
Warmblut oder Vollblut

Jetzt erkennt es auch Anton trotz der Entfernung: Die Mähne, die Ohren, die Zähne, die Augen und die Blesse sehen bei diesem Pferd ganz anders aus als bei Rasputin.

Curt Zollner kommt mit Jonny Erbse aus dem Stall. »Da dachte wohl jemand, er könnte uns ein X für ein U vormachen ...«, knurrt er.

»... beziehungsweise ein Warmblut als Vollblut verkaufen«, sagt Jonny.

Anton weiß, dass die Bezeichnung »Warmblut« nichts mit der Körpertemperatur zu tun hat. Das hat er damals alles bei der berittenen Polizei gelernt: Es gibt Kaltblüter, Warmblüter und Vollblüter. Kaltblüter sind die perfekten Arbeitstiere, stark und langsam. Warmblüter sind beweglicher, deswegen sind sie oft Spring- und Turnierpferde. Die Königsklasse aber sind die Vollblüter: Die elegantesten und schnellsten Pferde, perfekt für den Rennsport.

Elisa nickt. »Und genau so 'ne Königsklasse ist hier nun verschwunden.«

Anton schaut sich um. »Die Frage ist nur, wohin?«

»Richtig, Herr Kollege.« Elisa schließt gleich zwei weitere Fragen an: »Und woher kommt der falsche Rasputin? Und warum treibt jemand diesen ganzen Aufwand?«

Anton knibbelt an seiner Unterlippe und überlegt: »Offensichtlich wollte hier jemand Zeit gewinnen. Und Rasputin mit einem auf den ersten Blick ähnlichen Double ersetzen, damit sein Verschwinden möglichst lange nicht bemerkt wird.«

Mops, der die ganze Zeit schon aufgeregt um den Stall herumgewuselt ist, meldet sich mit einem ungeduldigen »Wuff« zu Wort. Sein Ringelschwanz macht sich einmal lang wie eine Party-Tröte. Tataa! Das Zeichen dafür, dass er Witterung aufgenommen hat und nur darauf wartet, die Spur von Rasputin zu verfolgen.

Elisa und Anton folgen Mops. Die Fährte führt über den Rennparcours zu einem Parkplatz, von dem ein Feldweg abgeht. Mops bleibt stehen und schnuppert. Im märkischen Sand vermischen sich mehrere Duftspuren: Dutzende Pferde, Kaninchen, Hunde, eine Mäusefamilie … und ein Fuchs sind hier entlanggegangen. Mops hebt eine Pfote und winselt kurz, um anzuzeigen, dass er unsicher ist.

»Mist«, sagt Elisa. »Mops hat die Spur verloren.«
Anton beugt sich über die sandige Furche des Feld-
wegs und schaut sich die unterschiedlichen Ab-
drücke an.
Nach einer Weile sagt er: »Rasputin ist hier entlang-
getrabt, da bin ich mir ganz sicher.«

Welche Spuren sind von Rasputin?
Tipp: Schau dir dazu auch noch mal das Bild
auf den Seiten 12 und 13 an.

14.

VauVauVau

Das Tandem holpert mit Karacho über den Feldweg. Der elektrische Hilfsmotor sorgt dafür, dass sie ordentlich Tempo machen und der Hufeisenspur zügig folgen. Mops wird in seinem Korb ordentlich durchgerüttelt. Elisa und Anton geht es auf ihren Sätteln nicht viel besser.

Anton ächzt. »Wenn das so weitergeht, krieg ich noch Blasen an meinem Allerwertesten.«

Doch nach zwei Kilometern endet die Tortur von ganz alleine. Der Feldweg trifft auf eine geteerte Straße und die Spur ist nicht mehr sichtbar.

Mops läuft mit der Nase auf dem Asphalt auf und ab, aber hier kann auch er nichts mehr erschnuppern.

»Kacke Schabracke!«, flucht Elisa. »Jetzt bleibt uns nur noch der falsche Rasputin als Spur.«

Anton nimmt einen großen Schluck aus der Trinkflasche und wischt sich den Schweiß von der Stirn. »Vielleicht können wir irgendwie rausfinden, woher er stammt ...«

»Zu dumm, dass Pferde kein Nummernschild haben, so wie Autos«, seufzt Elisa und trinkt ebenfalls.

Anton hat den Tabletcomputer hervorgeholt und tippt darauf herum. »Die Idee mit dem Nummernschild ist gar nicht so schlecht«, sagt er. »Immerhin gibt es die Vauvauvau.«

»Bitte was?«, fragt Elisa.

»Die Vauvauvau«, wiederholt Anton. »Die ViehVerkehrsVerordnung. Und wenn ich mich richtig erinnere ...« Er wischt auf dem Tablet hin und her und überfliegt murmelnd den Text. »Einhufer ... Pflicht ... Mikrochip ... – Ohaaaaaaa!« Er schaut von dem Tablet auf. »Das ist vielleicht unsere Rettung!«

»Was?«, fragt Elisa ungeduldig.

»Hier steht es.« Anton zeigt auf den Text. »Nach Paragraf 44 der Viehverkehrsverordnung ist bei Equiden die Kennzeichnung mit einem Transponder Pflicht.«

»Transponder?«

»Ein Mikrochip, der den Pferden am Hals eingepflanzt wird und die Adresse des Halters enthält.«

»Yesss! Also so eine Art elektronisches Nummernschild!« Elisa ballt die Faust. »Worauf warten wir dann noch? Nichts wie zurück zu unserem falschen Rasputin!«

Anton macht sich startklar. »Die Sache hat nur einen, ähm, Pferdefuß. Die Adresse ist nämlich verschlüsselt. Sie besteht aus einer Zahl mit 15 Stellen.«

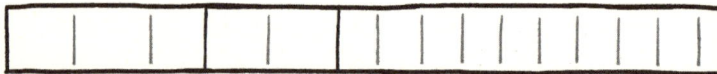

Wie lauten die ersten fünf Stellen der Zahl?
Lies den Gesetzestext genau, dann weißt du es.

Kennzeichnung von Einhufern nach der Verordnung (EG) Nr. 504/2008

§ 44 Kennzeichnung
(1) Die Durchführung der Kennzeichnung von Einhufern nach Artikel 11 der Verordnung (EG) Nr. 504/2008 der Kommission vom 6. Juni 2008 zur Umsetzung der Richtlinien 90/426/EWG und 90/427/EWG des Rates in Bezug auf Methoden zur Identifizierung von Equiden (ABl. L 149 vom 7.6.2008, S. 3) in der jeweils geltenden Fassung hat der Tierhalter

1. von einem Tierarzt,

2. von einer unter der Aufsicht eines Tierarztes stehenden Person oder

3. durch eine von einer tierzuchtrechtlich anerkannten Züchtervereinigung oder einer internationalen Wettkampforganisation beauftragte, im Hinblick auf die Vornahme der Kennzeichnung von Einhufern sachkundige Person vornehmen zu lassen.

(2) Die letzten 15 Ziffern des Codes im Sinne des Artikels 2 Absatz 2 Buchstabe b der Verordnung (EG) Nr. 504/2008 in Verbindung mit der ISO-Norm 117843) müssen wie folgt zusammengesetzt sein:

1. drei Ziffern „276" für „Deutschland" nach der ISO-Norm 31664) ,

2. zwei Ziffern „02" als Tierartenkenncode für „Einhufer",

3. zehn Ziffern für den jeweils zu kennzeichnenden Einhufer.

(3) Die zur Kennzeichnung nach Absatz 1 erforderlichen Transponder werden dem Tierhalter von der zuständigen Behörde oder einer von dieser beauftragten Stelle auf Antrag und unter angemessener Berücksichtigung des jährlichen Bedarfs zugeteilt.

15.

Ein Tablet fliegt in den Mist

»Die fünf Anfangsziffern des Codes sind aber schon mal klar«, erklärt Anton. »Die ersten drei – Zwei, Sieben und Sechs – sind der Ländercode für Deutschland. Die nächsten beiden – Null und Zwei – bedeuten, dass es sich bei dem codierten Tier um einen Einhufer handelt.«

Anton und Elisa sind zurückgeradelt und stehen wieder im Stall. Anton scannt den Hals des falschen Rasputin mit einem Lesegerät ab, während der gemütlich Heu kaut.

»Meistens ist der Mikrochip an der linken Halsseite«, sagt Anton und wie zur Bestätigung gibt das Lesegerät ein leises Piepgeräusch von sich.

Anton schaut auf das Display, wo eine 15-stellige Nummer angezeigt wird.

»Heureka!«, ruft er. »Es hat funktioniert! – Hatschiiiii!« Anton muss niesen.

Das Pferd reißt vor Schreck den Kopf hoch, buckelt und schlägt einmal heftig nach hinten aus.

»Hoppla!« Elisa kann gerade noch ausweichen, aber einer der Hinterhufe trifft das Tablet, das Anton auf einen Heuballen gelegt hat. Es fliegt in hohem Bogen durch die Luft, klatscht an die Wand und plumpst in den Pferdemist.

»Oh nein!« Anton hebt das Tablet schnell auf und wischt es sauber. Das Display sieht aus wie ein Spinnennetz: Es ist gebrochen und voller Risse..

»Das hat's voll erwischt«, sagt Elisa. »So ein Mist.«

»Vielleicht funktioniert es ja noch.« Anton tippt auf dem Display herum. »Ich glaub, wir haben Glück. Es lässt sich noch bedienen und ich kann die Nummer eingeben.«

Anton öffnet die Seite mit der Halterabfrage, tippt die zehnstellige Nummer in die Suchmaske und bestätigt die Eingabe.

2	7	6	0	2	1	9	6	5	0	7	2	0	1	2

Das Tablet macht PLING und zeigt die Daten des Pferdehalters an. Anton schaut angestrengt auf das zersplitterte Display. Irgendwas stimmt mit der Anzeige nicht. Die Elektronik des Tablets ist bei dem Pferdetritt wohl doch etwas durcheinandergeraten.

»Das Ding spinnt leider komplett«, sagt Anton. Elisa, die ihm über die Schulter geschaut hat, nimmt ihm das Tablet aus der Hand. »Lassen Sie mich mal. Ich glaub, ich weiß, wie wir das trotzdem lesbar machen können.«

Was für eine Idee hat Elisa?
Wie lauten die Daten des Pferdehalters?

?

16.

Pferdezucht mit Zuchtpferden

Anton staunt: Das kaputte Tablet zeigt alles spiegel-verkehrt! Elisa hat die Anzeige mit ihrem Kosmetik-spiegel »zurechtgerückt« und liest die Adresse des Halters vor:

»Pferdegestüt Treidelhof, Grüne Linde 7, 15562 Rüdersdorf.«

»Das Gestüt von Lonika Overesch!«, ruft Anton ver-blüfft.

»Na warte«, knurrt Elisa. »Noch mal lassen wir uns nicht für dumm verkaufen.«

Diesmal düsen sie mit dem Tandem zum Treidel-hof. Auf einer der Koppeln führt eine Frau gerade die weiße Stute über das Gelände. Die Frau trägt eine Weste über einem Polohemd und dazu exakt die gleiche Schottenkaro-Mütze wie die Gestalt mit dem Geigenkoffer auf dem Überwachungsvideo!

»Frau Overesch?«, ruft Elisa.

»Hallihallo.« Lonika Overesch kommt mit dem Pferd am Zügel an den Zaun. »Sie sind bestimmt die Dame und der Herr von der Polizei.«

»Wir haben auf Ihren Anruf gewartet«, sagt Elisa.

Lonika lächelt entschuldigend. »Ich hätte mich noch gemeldet. Aber erst mal musste ich mich um die Tiere kümmern.«

»Das ist doch Melody«, sagt Anton und deutet aus gebührendem Abstand auf die weiße Stute, die nervös ihre Nüstern bläht.

»Unser absoluter Augenstern.« Lonika tätschelt Melody zärtlich den Hals. »Das Glück dieser Erde liegt auf dem Rücken der Pferde. Für mich gibt es keine schönere Stute auf dieser Welt.«

Anton schielt unauffällig auf Lonikas Mütze. Aus der Entfernung kann er kein Loch darin entdecken.

»Aber Rasputin gefällt Ihnen offensichtlich auch«, sagt Elisa. »So sehr, dass Sie ihn Curt Zollner unbedingt abkaufen wollten.«

Lonika Overesch nickt seufzend. »Rasputin würde so gut in meine Zucht gepasst. Ein englisches Vollblut … wie Melody. Aber dieser Sturkopf Zollner will einfach nicht mit sich reden lassen. Obwohl ich ihm ein gutes Angebot gemacht habe.«

»Vielleicht wollten Sie ja nicht mehr länger warten

und haben sich Rasputin deswegen nun einfach geholt«, sagt Elisa.

»Wie? Geholt?«, fragt Lonika.

»Na ja, entführt«, sagt Anton. »Beziehungsweise vertauscht. Mit ihm hier.«

Er hält Lonika auf seinem Smartphone eine Aufnahme von dem falschen Rasputin hin.

»Huch!« Lonika guckt verblüfft darauf. »Das ist ja Karlchen!«

»Sie geben also zu, dass das Pferd von Ihnen ist?«

Lonika nickt. »Karlchen ist unser Schulpferd für Kinder. Aber wie kommt der denn in Zollners Stall?«

» Das wollten wir eigentlich Sie fragen«, sagt Elisa

Lonika runzelt die Stirn. »Karlchen steht immer auf der Koppel hinter dem Haus. Um die Pferde dort kümmert sich Vincent.«

»Ihr Pferdepfleger mit den Sommersprossen und den Segelohren?«, hakt Elisa nach.

Lonika schluckt und schaut sich um. »Ich kann mir das alles überhaupt nicht erklären. Vincent ist absolut zuverlässig.«

Anton hat seinen Blick ebenfalls über die Koppel schweifen lassen. »Ohaaaa! – Und zum Glück dokumentiert Ihr Vincent auch immer alles zuverlässig. Doch diesmal ging ihm wohl dabei etwas verloren.«

Was haben Antons Augen erspäht?

17.

Rasputin und Melody

Anton hat richtig gesehen: In der matschigen Erde vor der Tränke liegt ein Sofortbild!

»Das ist nur Müll …«, sagt Lonika und blinzelt nervös.

Aber Anton hat das Bild schon aufgehoben und den Matsch abgewischt.

Gespannt schauen er und Elisa auf das Foto. Leider scheint bei der Aufnahme irgendwas nicht richtig funktioniert zu haben. Auf dem Bild sind nur Schemen zu sehen. Vermutlich hat Vincent es deswegen weggeworfen.

»Müll … wie ich gesagt habe …« Lonika lächelt erleichtert.

Offensichtlich ist es ihr mehr als recht, dass auf dem Bild nichts zu erkennen ist. Doch so schnell gibt Anton nicht auf.

»Mal schauen«, sagt er und klappt sein mobiles Labor auf. »Da kann ich bestimmt noch was retten …«

Er hantiert mit verschiedenen Tinkturen und Lösungen. Er badet das Bild in Entwickler-, Fixier- und Spülflüssigkeiten und trocknet es schließlich. Mit zusammengekniffenen Augen betrachtet er das Resultat seiner Anstrengungen.

Elisa schaut ihm über die Schulter. »Wenn man die herausgearbeiteten Punkte mit einer Linie verbindet, könnte das ein Bild ergeben. – Also, ich glaub, ich erkenne da was.«

Anton kneift die Augen noch ein bisschen weiter zusammen und jetzt erkennt auch er, was auf dem Bild zu sehen ist.

»Ohoooooo«, sagt er diesmal statt »Ohaaaaaa« – und wird dabei ein bisschen rot.

Was ist auf dem Foto zu sehen?
Gehe zur nächsten Seite!

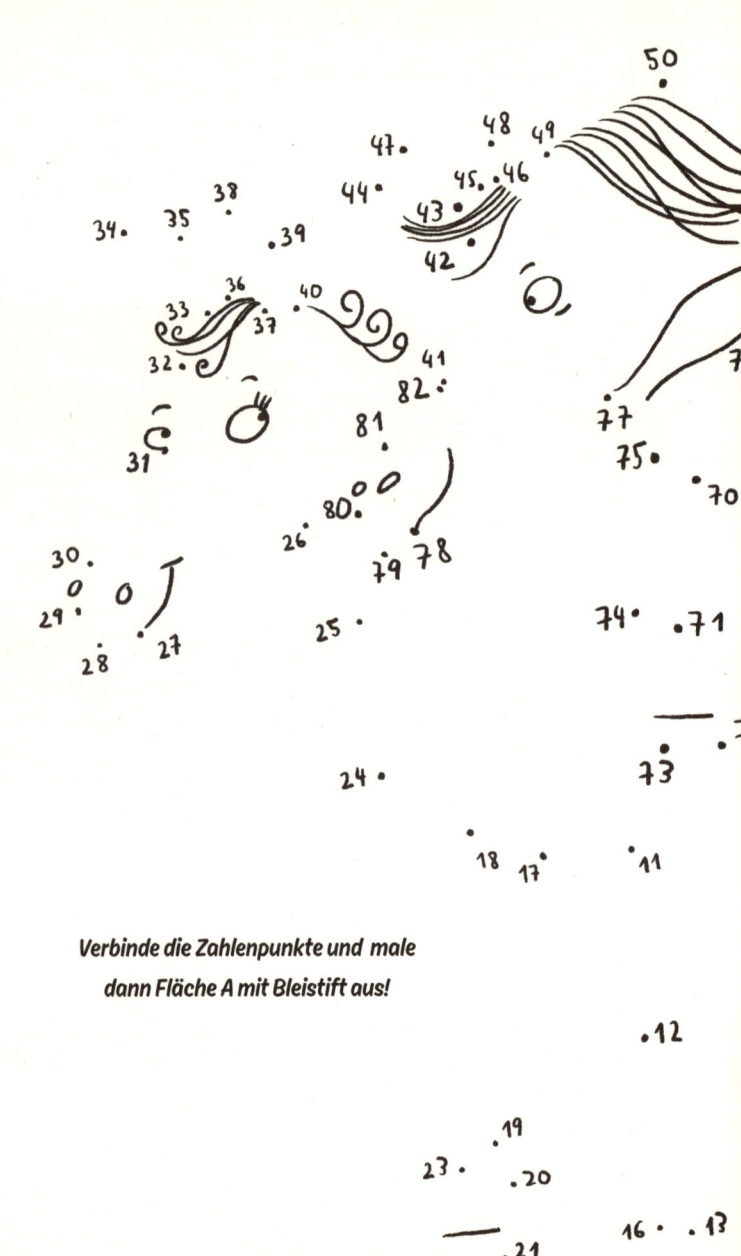

**Verbinde die Zahlenpunkte und male
dann Fläche A mit Bleistift aus!**

1

52

Fläche A

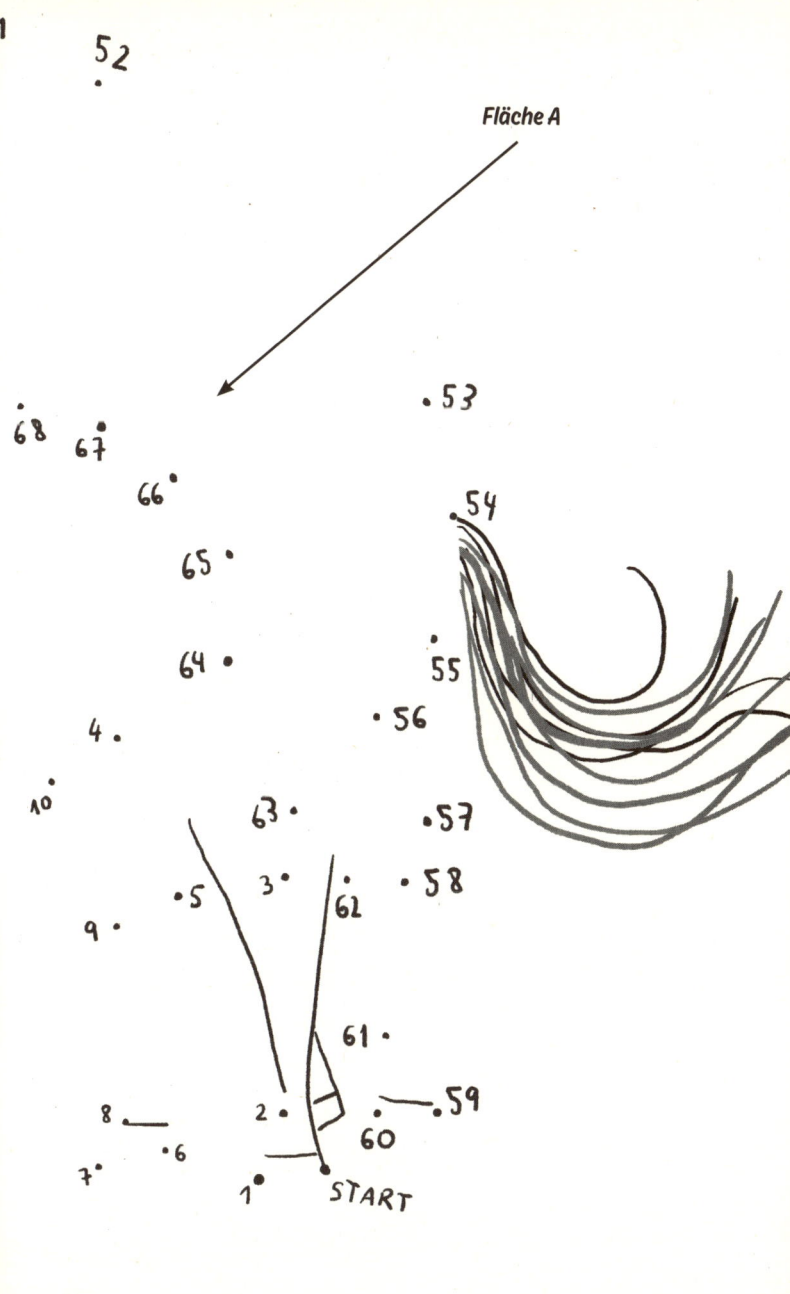

68
67
66
65
64
4
10
63
3
5
62
9
61
8
2
59
7
6
60
1
START

53
54
55
56
57
58

18.

Drahtesel
mit Lalülala

»Zwei Pferde, die … äh ….«, Anton räuspert sich etwas verlegen, » … Liebe machen.«

Tatsächlich! Das Bild zeigt ein weißes Pferd, das von einem schwarzen gedeckt wird: Melody und Rasputin! »Kein Grund, rot zu werden, Herr Kollege«, sagt Elisa und lacht. »Auch Pferde haben Sex. Ganz natürlich.«

Sie schaut zu Lonika. »Und ich glaube, jetzt weiß ich auch, warum Sie Rasputin um jeden Preis haben wollten und selbst vor einer Entführung nicht zurückgeschreckt sind: Sie wollten, dass er und Ihre Lieblingsstute Melody Nachwuchs miteinander zeugen!«

Lonika, die ganz bleich geworden ist, weicht langsam zurück. »Ich ... ich ...«, stammelt sie.

Dann macht sie plötzlich einen Satz, stellt einen Fuß in den Steigbügel und schwingt sich auf Melody.

»Halt!«, schreit Elisa.

Aber Lonika reitet schon los. Sie prescht auf Melody über die Koppel und hält direkt auf den Zaun zu. Mit einem tollkühnen Sprung setzt sie darüber und galoppiert weiter Richtung Wald.

»Hinterher!«, ruft Anton.

Er und Elisa sprinten zum Tandem, schwingen sich ebenfalls in die Sättel und treten mit voller Kraft in die Pedale. Elisa schaltet den elektrischen Hilfsmotor ein und drückt die Knöpfe für das Blaulicht und die Sirene am Cockpit: LALÜLALA! Sie werden immer schneller. Mops stemmt die Pfoten auf den Rand des Korbes und reckt den Kopf in den Fahrtwind. Endlich Action! Er liebt Verfolgungsjagden!

Das Tandem pflügt querfeldein durch die Botanik. Holpert über Stock und Stein. Elisa und Anton halten sich wie zwei Rodeo-Reiter in den Sätteln. Mops' Ohren schlackern. Sie erreichen den Waldrand und biegen in einen Forstweg ein. Vor ihnen sehen sie den Schatten von Lonika und Melody zwischen den Bäumen durchgaloppieren.

»Achtung«, schreit Elisa plötzlich. »Bodenwelle!«

Das Tandem schießt über die Erhebung ... und fliegt wie eine Rakete durch die Luft ... Elisa, Anton und Mops machen: »Ahhh«, »Ohhh« und »Uhhh« – das Hinterrad des Tandems setzt wieder auf, dann das Vorderrad ... und weiter geht die Fahrt.

Anton schickt einen Stoßseufzer zum Himmel. Zum Glück ist ihr Dienstfahrzeug so robust!

Sie holen weiter auf. Lonika und Melody haben nur noch wenige Meter Vorsprung. Jetzt ist der Moment, um alles zu geben!

»Turbo!«, kommandiert Elisa.

Anton drückt den roten Knopf an seinem Lenker.

»Turbo aktiviert!«

WUUUUSCHHHHH! – Das Tandem macht einen Satz nach vorn. Der elektrische Hilfsmotor heult auf. Links und rechts fliegen die Baumstämme nur so vorbei. Elisa, Anton und Mops schieben sich immer dichter an Lonika und Melody heran. Der Schweif des Pferdes weht zum Greifen nah vor ihnen. Elisa setzt zum Überholen an. Doch da ertönt unter dem Hufgetrappel und Sirenengeheul fast unhörbar ein weiteres Geräusch:

Ein leises PLOPP, gefolgt von einem feinen SIRREN.

»Aua!«, schreit Elisa auf. Sie verzieht das Gesicht,

als hätte sie etwas gestochen – und sackt in
sich zusammen.

»Frau Klapp!«, ruft Anton panisch.
»Was ist mit Ihnen?!«

Was ist passiert?

?

19.

Salto mortale

Elisas Oberkörper sackt noch tiefer über den Lenker. »Oh nein!«, ruft Anton. Das Tandem ist in voller Fahrt. Führerlos jagt es zwischen den Bäumen durch und gerät immer mehr in Schräglage. Anton versucht krampfhaft seine Kollegin festzuhalten, die immer weiter vom Sattel rutscht. Mit der anderen Hand versucht er den Lenker zu stabilisieren. Doch zu spät! Das Vorderrad verdreht sich, das Tandem wird abrupt gestoppt, überschlägt sich und schleudert seine Besatzung in hohem Bogen durch die Luft. Nacheinander landen Elisa, Anton und Mops unsanft auf dem Boden.

Nach einer Schrecksekunde schlägt Anton die Augen auf und tastet benommen nach seinem Kopf. Scheint alles noch ganz. Zum Glück ist der Waldboden an der Stelle, wo sie gelandet sind, von einer dicken Moosschicht bedeckt, sodass der Aufprall nicht allzu hart war.

»Ahhhhhhh …« Anton richtet sich stöhnend auf. In der Ferne verschwinden Lonika und Melody zwischen den Bäumen. Auch Mops kommt wacklig wieder auf die Beine. Nur Elisa liegt immer noch völlig reglos da. Besorgt beugt Anton sich über sie und tätschelt ihre Wange.

»Frau Klapp? Können Sie mich hören?«

Elisa reagiert nicht. Mops schnuppert ängstlich an seiner Chefin. Anton tastet nach ihrer Halsschlagader. Puls und Atmung sind da – sie lebt noch! Anton will Elisa gerade in die stabile Seitenlage bringen, da bemerkt er endlich den Betäubungspfeil, der in ihrem Oberarm steckt. Jetzt kapiert er, warum Elisa von einer auf die andere Sekunde ausgeknockt wurde.

»Das ist ja nicht zu fassen. So eine Gemeinheit!«

Anton zieht den Pfeil schnell raus und schaut sich nach dem Schützen um. Doch auch von diesem ist nichts mehr zu sehen. Aber weit kann er noch nicht sein. Verdammt! Was tun? Anton muss sich erst mal um Elisa kümmern. Mops jault und wedelt aufgeregt mit dem Schwanz.

Anton schaut ihn an. »Du willst die Verfolgung übernehmen?«

»Wau!«, bellt Mops. Er will!

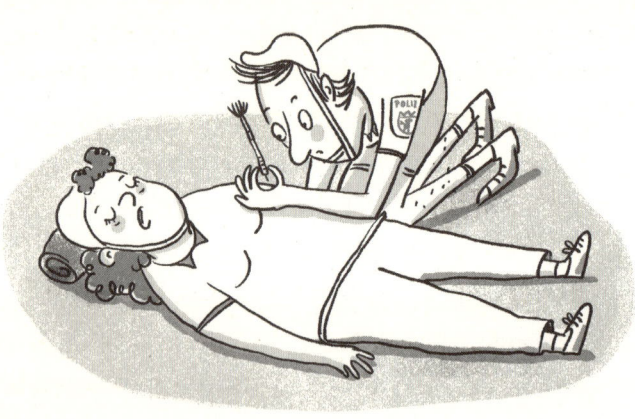

»Braver Hund!« Anton tätschelt Mops über den Kopf und aktiviert dann schnell den Miniatur-Peilsender an dessen Halsband. »Schnapp dir den Schurken!« Mops pest los! Anton kümmert sich weiter um Elisa. Er lockert den Kragen ihres Hemds, damit sie besser Luft bekommt. Dann zieht er sein Handy und will gerade einen Krankenwagen rufen, da entfährt Elisa ein lauter Rülpser.

Sie schlägt die Augen auf und hält sich entschuldigend die Hand vor den Mund. »Ups, ich hatte wohl bisschen Luft im Magen.« Sie schaut sich verwundert um. »Was machen wir denn hier am Boden? Picknicken?«

Anton erklärt ihr alles und zeigt ihr den Betäubungspfeil.

Elisa richtet sich ruckartig auf. »Das gibt's ja nicht!«

Anton nickt. »Wirklich erstaunlich, dass Sie so schnell wieder bei Bewusstsein sind. Die Ladung Ketamin hätte einen Elefanten außer Gefecht gesetzt!«

Elisa grinst. »Ich hab eben Superkräfte.« Sie fasst an ihren Ärmel. »Und wir haben super Uniformen. Durch den Stoff ist die Nadel kaum durchgegangen.« Sie steht ungeduldig auf. »Und jetzt schnappen wir uns diesen Schurken, der auf mich geschossen hat!«

»Vielleicht hat Mops ihn schon gefunden.« Anton öffnet das Ortungsprogramm auf seinem Handy und deutet auf die Karte. »Hier ist er!«

Elisa schaut auf die kleine blinkende Hundepfote, die Mops' Position anzeigt.

»Wie kommen wir da am schnellsten hin?«

Was ist der kürzeste Weg zu Mops?

20.

Mops machts

Mops hat die Fährte bis an ihr Ende verfolgt und liegt gut versteckt unter einem Wacholder-Busch. Vor ihm auf der Lichtung steht Lonika mit einem Mann. Er hat exakt die gleiche Mütze auf wie sie. Mops spitzt die Ohren und lauscht. Lonika und der Mann reden aufgeregt miteinander. Und jetzt erkennt Mops auch die Stimme des Mannes: Es ist der Pferdepfleger vom Treidelhof!

Leider versteht Mops nicht, worüber die beiden sich unterhalten. Menschensprache ist einfach ein einziges Kauderwelsch! Aber am Tonfall kann Mops erkennen, dass die beiden sich streiten:

»Rrrrräbäh! Bübabaabaaah!«, macht Lonika.

»Wummutin wummu, nummummu bewulluwuh!«, entgegnet der Pferdepfleger.

Mops wackelt ungeduldig mit den Ohren. Wo bleiben die anderen nur so lange? Die Verstärkung müsste doch schon längst da sein! Da vernimmt er ein Geräusch, das sich aus der Ferne nähert. Ein Geräusch, das ihm sehr vertraut ist: Das leise Surren eines Elektromotors. Das Tandem!

Ja, es sind Elisa und Anton! Sie haben den Weg an der Klosterruine und am Unkenpfuhl vorbei genommen. Ausnahmsweise sitzt Anton vorne und steuert, weil Elisa nach dem Betäubungspfeil noch nicht wieder voll verkehrstüchtig ist.

Aber nicht nur Mops hat das Surren bemerkt – sondern auch der Pferdepfleger. Alarmiert lauscht er und redet dann wild gestikulierend auf Lonika ein, die immer wieder den Kopf schüttelt und ihn am Arm packt.

Doch der Pferdepfleger reißt sich los und rennt davon. Mops schaut zum Tandem. Verdammt, Anton und Elisa kommen zu spät! Mops hebt den Kopf und sieht, wie der Pferdepfleger zu einem schwarzen Pferd rennt und es schnell losbindet. Das ist Rasputin! Mops muss handeln. Er schießt wie eine Kanonenkugel aus dem Wacholderbusch und rennt ebenfalls los. Der Pferdepfleger sitzt schon im Sattel und will davonreiten, da stellt sich ihm Mops in den Weg. Er bellt, so laut er kann, sträubt die Nackenhaare und reckt seine Rute in die Luft wie den Stachel eines Skorpions. Rasputin wiehert laut auf. Vor lauter

Schreck scheut er und steigt mit den Vorderbeinen kerzengerade in die Luft, sodass der Pferdepfleger abgeworfen wird und rücklings auf dem Waldboden aufklatscht. RUMMMMS!

Rasputin galoppiert davon. Lonika schreit auf. »Vincent!«

Anton und Elisa springen schon vom Tandem und eilen herbei. Lonika ist die Erste, die bei dem Pferdepfleger ist. Ächzend liegt er am Boden und hält sich das Bein. »Mein Bein. Ich glaub, es ist gebrochen!«

»Nicht bewegen«, sagt Lonika und schiebt dem Pferdepfleger fürsorglich ihre zusammengerollte Weste unter den Kopf.

Anton und Elisa treten hinter sie. »Sieh an«, sagt Anton. »Frau Overesch und ihr Pferdepfleger, wer hätte das gedacht!«

Elisa nickt lächelnd. »Die beiden stecken unter einer Decke. Und zwar im wahrsten Sinne des Wortes.«

Woran hat Elisa erkannt, dass Vincent und Lonika ein Paar sind? Tipp: Schau dir auch das Bild auf den Seiten 60 und 61 noch mal an.

21.

Noch ein Liebespaar

Elisa deutet auf die identischen Tattoos auf Lonikas und Vincents Oberarmen:

L. O.

V. E.

»Die Anfangsbuchstaben Ihrer beider Namen. Sie sind ein Liebespaar.«

»Ohaaaaaaaa!« Anton klatscht sich an die Stirn. »Na klar: Lonika Overesch und Vincent Ebert.«

»Ein Paar zu sein ist ja wohl kein Verbrechen«, sagt Lonika.

»Überhaupt nicht«, sagt Elisa. »Ein Rennpferd betäuben und entführen dagegen schon.«

»Niemand hat Rasputin entführt«, meldet sich Vincent ächzend zu Wort. »Er ist ausgerissen. Ich hab ihn eingefangen und wollte ihn gerade zu Zollner zurückbringen, als Ihr kleiner Kläffer mich attackiert hat.«

Mops knurrt empört. Was für eine dreiste Lüge!

»Geben Sie es endlich zu«, sagt Anton. »Sie wollten Rasputin unbedingt als Zuchthengst für Ihre Stute Melody haben. Doch Zollner hat sich standhaft geweigert, ihn zu verkaufen.«

Elisa nickt. »Selbst dann noch, als Sie dafür gesorgt hatten, dass Rasputin das Rennen verliert, um ihm sein Pferd madig zu machen.«

Anton übernimmt wieder. »Und dann haben Sie ihn entführt beziehungsweise durch ein Double ersetzt. So wollten Sie Zeit gewinnen. Zeit, in der Rasputin Melody bespringen konnte.«

»Das sind völlig haltlose Beschuldigungen«, sagt Lonika. »Rufen Sie lieber endlich einen Krankenwagen für meinen verletzten Freund!«

Während Elisa zu ihrem Telefon greift, schaut Anton Vincent streng an.

»Apropos verletzt. Sie können von Glück sagen, dass die ganze Verfolgung nur mit einem Beinbruch abgegangen ist. Der Schuss auf meine Kollegin in voller Fahrt hätte schlimme Folgen haben können!«

»Was denn für ein Schuss?«, tut Vincent völlig ahnungslos.

Lonika verteidigt ihren Freund. »Sie können uns überhaupt nichts beweisen!«

»Oh doch.« Anton nimmt lächelnd Vincents Schottenkaromütze, die auf dem Boden liegt, und betrachtet das Loch darin. »Das passt perfekt zu dem Stofffetzen, den wir in der Hecke an der Südkurve sichergestellt haben. Und ich denke, dass wir in Ihrer Garderobe auch noch ein Paar Turnschuhe in Größe 41 mit dem richtigen Sohlenprofil finden werden.«

Elisa, die ihr Telefonat mit der Rettung beendet hat, schaltet sich wieder ein. »Und als letzten Beweis haben wir dann noch die Tatwaffe mit Ihren Fingerabdrücken darauf.«

Lonika lacht schrill auf. »Tatwaffe?!«

»Die bluffen nur, Loni«, Vincent schüttelt ächzend den Kopf. »Die haben die gar nicht.«

»Noch nicht. Aber gleich.«

Wo vermutet Anton die Tatwaffe?

22.
Der ultimative Beweis

Anton holt den Geigenkoffer hinter dem Baum am Rand der Lichtung hervor und klappt ihn auf. Darin liegt – wie vermutet – das Betäubungsgewehr. Jetzt kapieren auch Lonika und Vincent, dass es sinnlos ist weiter zu leugnen und sie gestehen alles. Vincent war auf der Rennbahn und hat den Betäubungspfeil auf Rasputin geschossen. Er hatte gehofft, dass Zollner seinen Hengst aus Enttäuschung über dessen

schlechtes Abschneiden dann endlich an Lonika verkaufen würde. Doch Zollner ließ weiter nicht mit sich verhandeln. Daraufhin hat Vincent Rasputin kurzerhand entführt beziehungsweise durch Karlchen ersetzt. Und dann haben Lonika und Vincent dafür gesorgt, dass Rasputin Melody gedeckt hat.

»Es war eine einmalige Chance. Melody war gerade rossig.« Lonika seufzt. »Alles wäre glattgegangen, wenn Sie uns nicht in die Quere gekommen wären.«

Vincent nickt. »Ich wollte Rasputin gerade zurückbringen. Er stünde jetzt wieder in seinem Stall und Karlchen wieder bei uns. Und keiner hätte etwas gemerkt.«

Hinter ihnen ertönt das kurze Aufheulen eines Martinshorns. Ein Krankenwagen holpert über den Forstweg auf die Lichtung und hält. Zwei Sanitäter steigen aus.

»Sie sind ja fix!«, begrüßt Elisa die Kollegen.

»Wir haben die Autobahn genommen. Die Ausfahrt ist gleich da vorne.«

Während die Sanitäter sich um Vincent kümmern, hat Anton noch eine Frage an Lonika. »Warum haben Sie Zollner eigentlich nicht einfach um eine Samenspende von Rasputin gebeten? Die hätte er Ihnen doch bestimmt verkauft.«

Lonika schüttelt den Kopf. »Bei englischen Vollblut-Pferden ist die Zucht nur auf natürlichem Weg erlaubt. Und ich selbst würde es auch nicht anders wollen.«

»Ich auch nicht«, ruft Vincent.

»Stillhalten!«, befiehlt einer der Sanitäter und schnallt ihn auf der Trage fest. Der andere wendet sich an Elisa und Anton. »Knöchelbruch und 'ne leichte Gehirnerschütterung. Der wird wieder.«

»Ich liebe dich, Lonika«, ruft Vincent, als die Sanitäter ihn zum Krankenwagen tragen.

»Oh, Vincent, ich liebe dich auch!« Lonika läuft neben der Trage her und fasst nach seiner Hand.

»Du musst dich jetzt um Melody kümmern«, sagt Vincent. »Und um Rasputin.«

Natürlich, Rasputin! – Elisa und Anton schauen sich an. Den haben sie vor lauter Aufregung fast vergessen.

»Nur für den Fall, dass ihr ein schwarzes Pferd sucht«, ruft einer der Sanitäter aus dem anfahrenden Wagen, »uns ist vorhin eins entgegengekommen.«

»Oh nein«, ruft Elisa alarmiert.

Und auch Anton versteht sofort: Wenn Rasputin in die Richtung gelaufen ist, aus der der Krankenwagen kam, dann droht ihm allerhöchste Gefahr!

Wenn du genau gelesen hast, weißt du sicher längst, welche Gefahr Anton und Elisa meinen?!

23.

Alle Pferdestärken stehen still

Elisa und Anton schauen sich entsetzt an: »Im schlimmsten Fall läuft Rasputin auf die Autobahn und wird überfahren!«

Lonika wird bleich. »Oh Gott ...«

Mops ist längst losgelaufen. Er macht das, was er am allerbesten kann: Spuren suchen und Fährten folgen! Schließlich müssen sie das Leben eines Weltklasse-Rennpferds retten! Elisa und Anton folgen Mops auf dem Tandem. Lonika reitet ihnen auf Melody hinterher.

Es dauert nicht lang, da hören sie das Geräusch von Motoren. Das muss die Autobahn sein. Mops steht an einer Gabelung und macht mit seinem Ringelschwanz das Zeichen: Rasputin ist hiiiiiiieeeeeer lang!

Anton schaut Böses ahnend auf den schmalen Pfad. Er führt direkt auf den Wall zu, hinter dem die Autobahn liegt.

Entschlossen gibt Elisa Gas. Das Tandem jagt über das verdorrte Gras. Sie schießen den Wall hoch – und bremsen oben abrupt neben Mops ab, der gleichfalls stehen geblieben ist.

Elisa, Anton und Mops reißen die Augen auf. Vor ihnen erstreckt sich die Autobahn. Brechend voll mit Autos, Lastern, Campingmobilen, Bussen und Motorrädern. Und alle stehen still. Es ist ein gewaltiger Stau, der sich gebildet hat.

Anton kapiert: »Ferienbeginn. Na klar. Alle wollen verreisen!«

Viele Leute sind ausgestiegen und stehen zwischen den Fahrzeugen. Jetzt bemerken Anton und Elisa, dass die Leute aufgeregt auf etwas in der Ferne zeigen. »Guckt mal da, ein Pferd!«

Elisa und Anton erkennen das Pferd sofort: Rasputin! Seelenruhig spaziert er durch die Autoreihen, beugt den Kopf mal hier und mal da in eins der geöffneten Fenster, um einen Apfelschnitz oder ein Möhrenstück in Empfang zu nehmen, das ihm die verzückten Insassen reichen.

»Das ist wirklich stark«, lacht Anton erleichtert. »Alle Pferdestärken stehen still – nur eine nicht!«

Lonika, die sich inzwischen auch ein Bild gemacht hat, steigt schnell von Melody ab und bindet sie an einer Notrufsäule fest. »Am besten kreisen wir ihn ein!«

Elisa nickt: »Sie von vorne, wir von hinten.«

Gesagt, getan. Elisa und Anton fahren mit dem Tandem auf dem Seitenstreifen an dem Stau vorbei, bis sie Rasputin überholt haben. Dann fädeln sie sich in die Rettungsgasse zwischen den stehenden Autos ein und fahren mit Blaulicht langsam wieder zurück. Fünfzig Meter vor Rasputin halten sie an und gehen zu Fuß weiter. Lonika kommt von vorne auf Rasputin zu. Als der die sich nähernden Zweibeiner zwischen den Autos sieht, spitzt er die Ohren und wiehert leise.

»Schhhh ...«, sagt Elisa sanft und geht langsam weiter. Ein Schritt noch und sie steht direkt vor ihm. Rasputin schlägt nervös mit seinem Schweif hin und her, aber er macht keine Anstalten zu fliehen. Elisa hält ihm ihre Hand hin. »Ruhig, Rasputin!« Mit geblähten Nüstern schnuppert er an Elisa. Mit ihrer anderen Hand greift sie langsam nach seinem Halfter und nickt Lonika und Anton zu: Hab ihn!

Anton tritt zu den beiden und tätschelt erleichtert Rasputins Hals. »Mann, bin ich froh, dass dir nichts passiert ist«, sagt er und muss gleich wieder ein Niesen unterdrücken. »Hmpfiiii!«

Rasputin reibt seinen Kopf an Antons Schulter und schnaubt leise.

»Ich glaub, er mag Sie«, sagt Elisa lächelnd.

Anton spürt, wie es in seiner Nase kribbelt. »Glauben Sie wirklich?«

Elisa wendet sich zum Gehen. »Und das ist auch gut so. Einer muss ihn ja jetzt schließlich nach Hause reiten.«

»Einer?«, fragt Anton irritiert und spürt, wie das Jucken in seiner Nase immer stärker wird.

Elisa macht ein paar Schritte zurück und deutet Richtung Wall. »Ich fahre das Tandem. Lonika Overesch reitet Melody. Und Sie Rasputin.«

»Aber …«, sagt Anton. »Ich … ich kann das doch gar nicht …«

Elisa lässt das nicht gelten. »Auf jeden Fall können Sie's besser als ich. Schließlich waren Sie ein halbes Jahr bei der berittenen Polizei.«

»Aber das ist ewig her und in Wahrheit hab ich meistens auch nur Stalldienst gemacht, und außerdem hab ich doch eine Pferde… Hatschiiii!« Er muss Niesen. Und gleich noch einmal: »Hatschiii! …allergie!«

»Mensch, Anton«, sagt Elisa. »Wegen so 'nem bisschen Niesen … Sie haben die einmalige Gelegenheit, ein Weltklasse-Rennpferd zu reiten. Nun freuen Sie sich doch mal!«

Anton schaut Elisa mit tränenden Augen an und trotz seines getrübten Blicks wird ihm schlagartig klar, dass seine Kollegin tatsächlich viel weniger Ahnung von Pferden hat als er.

Was hat Elisa nicht bedacht?

24.

Das Glück dieser Erde ...

»Hey!«, protestiert Elisa, als Anton sie mit beherztem Griff aus der Gefahrenzone zieht. »Was machen Sie denn da?«

»Man darf NIEMALS direkt hinter einem Pferd stehen!«, sagt Anton kopfschüttelnd. »Das sollten Sie nun wirklich wissen. Sonst geht es Ihnen noch so wie meinem Tablet.«

»Natürlich.« Elisa räuspert sich verlegen. »Weiß ich doch auch. Ich hatte es nur gerade kurz vergessen. Aber zum Glück sind Sie ja hier der Experte.«

Anton lächelt müde. Es ist wohl wirklich unvermeidlich, dass er Rasputin nach Hause reiten muss. Der tänzelt schon nervös auf der Stelle. Anton fasst sich ein Herz und geht langsam auf Rasputin zu.

»Ruhig, Schwarzer«, sagt er leise und hofft inständig, dass er nicht gleich wieder niesen muss. Rasputin schnuppert an Antons ausgestreckter Hand und schnaubt. Anton spürt den warmen Pferdeatem auf seiner Haut. Er macht noch einen Schritt vor und streichelt Rasputins Hals. Der wackelt mit den Ohren und beäugt Anton unschlüssig: Was hat diese Bohnenstange eigentlich vor? Und was will die von ihm? Und will er das auch?

Doch da hat Anton mit der anderen Hand schon ganz nebenbei nach den Zügeln gegriffen. Er stellt den Fuß in den Steigbügel und schwingt sich elegant in den Sattel ... Rasputin wiehert leise, macht kleine Trippelschritte auf der Stelle ... bockt leicht ... »Brrrrrrr!« Anton zieht die Zügel leicht an ... Er spürt 500 Kilogramm pure Energie unter sich ... Energie, die jeden Moment in einem wilden Kraftausbruch explodieren kann ... Pferde sind Fluchttiere ... UND – das kommt noch erschwerend hinzu – Anton hat auch noch Höhenangst! Beim Blick nach unten spürt er sofort ein leichtes Schwindelgefühl. Dazu das Jucken in der Nase. Da hilft jetzt nur noch: Augen zu und durch! Er strafft die Zügel und drückt die Unterschenkel leicht in Rasputins Flanken ... und der trabt tatsächlich ganz folgsam los.

Lonika, die das Schauspiel gespannt verfolgt hat, wirft Elisa einen anerkennenden Blick zu:

»Wer hätte das gedacht! – Ihr Kollege ist ja ein richtiger Pferdeflüsterer.«

Na ja. Flüstern geht anders. »Hatschi – Hatschi! – Hatschi!«

Begleitet von immer neuen Nies-Explosionen bewegt sich die Karawane im gemütlichen Trab Richtung Heimat. Lonika reitet auf Melody vorneweg, hinter ihr kommt Anton auf Rasputin und am Ende strampelt Elisa auf dem Tandem mit Mops im Korb als Schlusslicht.

Rasputin dreht ab und zu den Kopf und linst verwundert nach hinten. Der lange Lulatsch auf ihm gibt seltsame Geräusche von sich und fühlt sich auch sonst ganz anders an als Jonny Erbse. Aber er benimmt sich ganz manierlich, sitzt ordentlich im Sattel und zerrt nicht an den Zügeln.

Rasputin wiehert zufrieden. Vor ihm reitet diese nette Stute, deren Bekanntschaft er neulich schon

gemacht hat. Und ihr Geruch weckt die allerschöns-
ten Gefühle in ihm. Eigentlich würde er jetzt gerne
einfach mal losgaloppieren. Anton spürt, wie der
Pferdekörper unter ihm leicht bebt. Er lässt die Zügel
locker. Irgendwie fühlt es sich auch gut an, hier oben
zu sitzen. Und der Wind sorgt nun auch dafür, dass
seine Nase nicht mehr so juckt. Nur runterschauen
darf Anton nicht allzu lange. Rasputin tänzelt leicht.
Anton presst die Beine vorsichtig noch etwas enger
an dessen Flanken. Rasputin versteht das Signal. Er
trabt schnaubend an, schert aus der Karawane aus, zieht mit einem kecken
Seitenblick an Melody vorbei und
galoppiert nun richtig los. »Hopp!«,
ruft Anton.

Melody nimmt die Aufforderung an und trabt ebenfalls an. Lonika lässt die Zügel locker. Und Melody
wird nun auch immer schneller.

»He, wartet!«, ruft Elias und gibt Gas, um hinterher-
zukommen.

Anton an der Spitze beugt sich tief über Rasputins
Hals. Der Hengst jagt im gestreckten Galopp durch
den Wald und es ist fast, als würden sie fliegen. Und
Anton weiß jetzt, dass Lonika einfach recht hat-
te: Das Glück dieser Erde liegt auf dem Rücken der
Pferde!

Aber, hoppla, da vorne kommt eine Kreuzung. Sie
preschen in rasendem Tempo darauf zu. Und Anton
muss sich ganz schnell entscheiden: Links, rechts
oder weiter geradeaus? Aber dann weiß er, welchen
Weg er nehmen muss.

Welcher Weg ist der richtige?

25.

Elf Monate später

Anton hatte sich für den richtigen Weg entschieden und war rechts abgebogen. Kurz darauf traf die ganze Reiterei dann in Hoppegarten ein und Curt Zollner konnte seinen verschollenen Hengst wieder in Empfang nehmen. Er war überglücklich, auch wenn er von Lonikas Entschuldigung erst mal nichts hören wollte.

Elf Monate später sind Elisa, Anton und Mops wieder auf dem Treidelhof. Lonika hat sie eingeladen. Für sie und Vincent ist die ganze Geschichte am Ende noch einigermaßen glimpflich ausgegangen. Sie mussten nicht ins Gefängnis, sondern wurden zu einer Bewährungsstrafe verurteilt. Für das verlorene Rennen mussten sie 10.000 Euro Schadensersatz an Zollner zahlen, plus 1.500 Euro für den geraubten Samen.

Das Ergebnis dieses Raubs steht nun in Fleisch und

Blut vor Elisa, Anton und Mops auf der Koppel. Und alle drei müssen zugeben, dass es wirklich sehr niedlich geraten ist. Melody hat nämlich ein Fohlen zur Welt gebracht. Noch ganz scheu und unsicher steht es eng an seine Mutter geschmiegt auf der Wiese. Mops, der das Kleine nicht erschrecken will, schnuppert vorsichtig an den Staksebeinchen und macht Wackelohren.

»Darf ich vorstellen«, sagt Lonika: »Das Töchterchen von Melody und Rasputin.«

Vincent lächelt stolz. »Sie wurde vorgestern Nacht geboren.«

Elisa und Anton schauen gerührt. Das Fohlen hat drei weiße Füße, als sei es damit durch Milch gewatet, und am Kopf leuchtet eine sternförmige Blesse. Der Rest des Fells ist sattschwarz.

»Da sieht man gleich, dass Rasputin der Vater ist«, sagt Elisa.

»Das wird nicht lange so bleiben«, erklärt Vincent. »Melody ist ein reinerbiger Schimmel. Alle ihre Kinder werden auch Schimmel. Es dauert nur eine Weile, bis das schwarze Fell hell wird.«

Anton erinnert sich an das kleine Pferde-ABC, das er mal gelernt hat. »Das nennt man dann ›ausschimmeln‹«.

»Richtig.« Lonika schaut die Polizisten an und räuspert sich. »Wir, ähm, wollten uns auch noch mal bei Ihnen entschuldigen.«

»Vor allem für den Schuss mit dem Betäubungsgewehr«, fährt Vincent reumütig fort. »Das war wirklich nicht in Ordnung.«

»Allerdings«, sagt Elisa. »Das hätte richtig ins Auge gehen können.«

Lonika nickt. »Wir wollten es wenigstens ein bisschen wieder gut machen und fragen, ob Sie nicht Taufpaten von der Kleinen werden wollen?«

Anton schaut erfreut auf das Fohlen. »Ich wollte schon immer mal Taufpate sein!«

Mops wufft zustimmend. Und auch Elisa nickt: »Wie soll das Pferdchen denn heißen?«

»Das ist die letzte Nuss, die Sie noch zu knacken haben«, sagt Lonika.

Vincent grinst verschmitzt: »Schließlich sind Sie ja Ermittler. Also: Der Name beginnt mit dem gleichen Buchstaben wie der Name der Mutter …«

»… der zweite Buchstabe ist mit dem zweiten Buchstaben im Namen des Vaters identisch …«, fährt Lonika fort.

»… der dritte ist der zehnte Buchstabe des Alphabets, der vierte ein Vokal, der nach oben offen ist …«

»… der fünfte ist der Anfangsbuchstabe Ihrer Berufsbezeichnungen und der letzte Buchstabe ist der, der in Ihren beiden Vornamen vorkommt.«

Puh. Elisa und Anton denken konzentriert nach. »Der erste Buchstabe ist ja einfach … der zehnte ist ein … und zuletzt der, der in unseren beiden Vornamen vorkommt…«

Endlich lächeln sie beide.

»Nicht schlecht«, schnalzt Anton.

»Der Name gefällt mir«, sagt Elisa.

Lonika freut sich. »Dann steht die Kleine ab jetzt sozusagen unter Ihrem persönlichen Polizeischutz.«

»Auf jeden Fall!«, sagt Anton.

Elisa nickt. Mops wufft noch mal zur Bestätigung. Und auch das Fohlen scheint einverstanden zu sein. Es beugt den Kopf und stupst Mops mit seinen samtweichen warmen Nüstern an. Vorsichtig leckt es mit der Zunge über sein Fell. Mops schließt die Augen und schnurrt behaglich wie eine Katze. Elisa und Anton lachen. Denn schnurren tut Mops wirklich nur, wenn sich etwas richtig, richtig gut anfühlt.

Knackst du auch die letzte Nuss?
Wie heißt das kleine Fohlen?

Gut gemacht!

Mit geballter Knobelkraft hast du die letzte Nuss bestimmt auch noch geknackt und weißt nun, dass das Fohlen »Majuka« heißt. *M* wie Melody, *a* wie Rasputin, *j* wie der zehnte Buchstabe im Alphabet, *u* wie der nach oben offene Vokal, *k* wie »Kriminalkommissarin« beziehungsweise »Kriminaltechniker« und *a* wie in Elisa und Anton. Und falls du es nicht gleich rausgekriegt hast, ist das nicht schlimm. Auch Elisa, Anton und Mops mussten ihr kriminalistisches Handwerk erst lernen.

Anhand der Zahl der richtig gelösten Rätselfragen, kannst du bestimmen, wie weit du schon bist.

0 bis 10:

Die bronzene Verdienstmedaille der Kriminalistik ist dir schon mal sicher. Du kannst bei Elisa, Anton und Mops sofort als Junior-Partner anfangen. Spürsinn und Kombinationsgabe hast du quasi im Blut. Beim nächsten Fall für das Tandem wirst du deine Fähigkeiten weiter trainieren und dann – Ohaaaa! – knackst du noch mehr Rätsel im Nu.

11 bis 20:

Du erhältst die silberne Verdienstmedaille der Kriminalistik. Elisa, Anton und Mops können froh sein, dich
im Team zu haben. Du bringst alles mit, was es für die
Detektiv-Arbeit braucht: Scharfblick, Ausdauer und den
richtigen Riecher. Durch neue Herausforderungen wirst
du immer besser werden. Das Tandem zählt weiter auf
dich und deine Mitarbeit.

21 bis 25:

Du bist ein absolutes Ausnahmetalent und kriminalistisches As! Dafür gebührt dir die Verdienstmedaille der
Kriminalistik in Gold. Elisa, Anton und Mops wollen nicht
mehr auf deine Mitarbeit verzichten und freuen sich
schon auf das nächste Abenteuer mit dir.

VERDIENSTMEDAILLE
DER KRIMINALISTIK

MITRÄTSELN
STRENGSTENS ERLAUBT!

Martin Muser & Tine Schulz
**EIN FALL FÜR DAS TANDEM –
DAS ROTE KÄNGURU**
Taschenbuch
144 Seiten
ISBN 978-3-551-31812-1

ELISA KLAPP IST KRIMINALKOMMISSARIN. Anton Stuhl ist Kriminaltechniker. Gemeinsam sind sie: DAS TANDEM. Nicht nur, weil sie ein Spitzen-Team sind, sondern auch, weil ihr Dienstfahrzeug das einzige Polizei-Tandem in ganz Deutschland ist. Pfeilschnell, umweltfreundlich und technisch voll auf Zack. Gemeinsam mit ihrem Polizeispürhund Mops lösen Elisa und Anton die kniffligsten Kriminalfälle. Als aus dem Museum eine wagenradgroße australische Münze auf rätselhafte Weise verschwindet, sind die drei natürlich gleich zur Stelle.